一生感謝 for キッズ

# いつも、ありがとう

ジョン・クゥアン
イム・グムソン 共著

小牧者出版

## 感謝より尊いものはない

　ローマ帝国時代、あるクリスチャンがはくがいからのがれて山をさまよっていました。そこで彼は一頭のライオンに出会いました。そのライオンはとても苦しそうに横たわっていました。よく見ると、足の裏にとげがささっています。彼はライオンに近寄り、とげをぬいてあげました。するとライオンは、お礼を言っているかのように彼の顔を見上げ、森の中へもどって行きました。

　しばらくして、そのクリスチャンはローマ兵士につかまり、処刑されることになってしまいました。円形競技場に彼を立たせ、ライオンにかみ殺させるという刑でした。ところが、近づいてきたライオンは、彼を見ると立ち止まり、ちっとも害を加えません。むしろ頭を下げ、おじぎをしているように見えました。よく見ると、山で彼がとげをぬいてあげたライオンだったのです。それを見ていた観衆はとてもおどろきました。ライオンがおそいかかろうしない人は神の人なのではないかと思ってさけびました。

　「その人を助けてあげて！」

　こうして、彼は助かったのでした。ライオンでさえ、助けてくれた恩を忘れないという寓話です。動物さえも恩を忘れずに感謝するのに、すぐに感謝を忘れてしまう人間は、動物よりひどい人ではないでしょうか。感謝する態度があるかないかによって、その人となりが分かると言います。実際に、歴史に名をかがやかせる偉大な人物はみんな、感謝の人です。また、不幸な人の共通点は、感謝を忘れ、うらみや不満の中で生きているということです。

あくまの世界には、感謝がないと言います。神さまは今も感謝する人を探しておられます。そして、私たちが感謝して礼拝をささげる時、とっても喜ばれるのです。また、スポルジョン牧師はこのように言いました。「神さまは、ろうそくの火を感謝すると電灯の明かりを下さり、電灯の明かりを感謝すると月明かりを下さり、月明かりを感謝すると日光を下さる」神さまは感謝する人にはさらにめぐみを下さるお方です。ですから、人生において、感謝より尊いものはないのです。

　アメリカは、独立してからまだ230年しかたっていませんが、世界一強い国になっています。彼らがこのように祝福を受けているのは、彼らが感謝の民族だからです。彼らの祖先は、イギリスの清教徒です。1620年、イギリス国教会のはくがいを受けた彼らは、しんこうの自由を求めて航海に出ました。そして、乗客102名、乗組員25～30名を乗せたメイフラワー号はアメリカ大陸にたどり着いたのです。ところがインディアンとの争いや寒さ、病気によって、たった4カ月でたくさんの人が死んでしまいました。しかし、彼らは感謝を忘れませんでした。まず初めに礼拝堂を建て、それから病院と学校、彼らが住む家を建て、農業をし、神さまに感謝の礼拝をささげました。それが、今日私たちがお祝いしている収穫感謝祭の由来と言われています。彼らのあいさつを見ると"Thank you. Thank you.（ありがとう。ありが

とう)"です。感謝がからだに染みこんでいるのです。このように、感謝があふれている国と民族に、神さまは感謝の喜びと祝福を下さったのです。人は、幼い時にどのようなえいきょうを受けたかによって、その人の将来が決まると言われています。幼い時に感謝を学び、感謝する人生を歩むなら、まちがいなくその人は歴史をかがやかせる人物となるでしょう。

　『ホワイトハウスを祈りの家にした大統領リンカーン』や、『世界初、史上最大の百貨店王ジョン・ワナメーカー』という本で多くの子どもたちに夢と希望をあたえたジョン・クゥアン牧師が今回、このような良い本を出され、とてもうれしく思います。この本を読む子どもたちが、一生感謝する習慣を身につけ、感謝があふれる人生でこの時代の偉大な人物となることを願います。

　　　　　　　　　　子どもたちを愛する牧師　キム・ジョンジュン

## 感謝の種をまいてください

　みなさん、こんにちは。私は『一生感謝』を書いたジョン・クゥアンです。『ホワイトハウスを祈りの家にした大統領リンカーン』や、『世界初、史上最大の百貨店王ジョン・ワナメーカー』の本を読んで、たくさんの子どもたちがチャレンジや感動、未来の夢を見つけたという手紙を送ってくれました。とてもうれしいです。今回、『一生感謝』が、とってもすてきな子ども版となってみなさんに届けられることになり、幸せです。みなさんの目線に合わせて文章を書いてくださったイム・グムソン先生に心から感謝をささげます。

　みなさんは、人生の出発点に立っています。多くの人々は、有名な大学に行き、大企業に就職をして、お金をたくさんかせげば幸せになれると考えます。けれども、実際に生きていると、幸せは、大学や職場やお金によるのではないことがわかります。幸せは、感謝をする人にあたえられるものです。なぜなら、幸せな人生を開くカギは、物ではなく、感謝する心にあるからです。

　私は、みなさんが一生懸命勉強して良い大学に行き、良い職場につき、お金もたくさんかせいで、豊かでよゆうのある人生を送ってほしいと思います。けれどもそれ以上に、いつも周りの人に感謝を表す人になってほしいと思います。そうすれば、持っている物とは関係なく、幸せな一生を過ごすことができるでしょう。

　この本が、未来を夢見るみなさんの心とからだをきれいにする助けになればと思います。勉強の合い間や休んでいる時に読んで

ください。そして、心に感じたことを行動に移して、みなさんの人生を感謝で染(そ)めてください。感謝の種を心にまく人はみな、成功と幸せの実をかり取ることでしょう。

　この本が、多くの競争によって苦しみ、つかれてしまっているみなさんの心に、心地よい小さな泉(いずみ)となることをいのります。

　　　　　　　プッカン山のすそ野にある感謝書房(しょぼう)にて
　　　　　　　みなさんの友、一生感謝、ジョン・クゥアン

## 感謝の門に入って

　この本を通してみなさんに会えて感謝します。この本を書くためにジョン・クゥアン先生にお会いした時、先生は小さな一冊(さつ)のノートを見せてくれました。最初はそれが何なのかわかりませんでした。それは「感謝日記帳」でした。

　毎日日記を書くのは、決して簡単(かんたん)なことではありません。大人になればなおさら大変です。でも先生は、一日も欠かさず感謝日

記を書いておられます。また、文字もていねいに書いてあって、「良くできました！」のハンコをおしてあげたくなるほどでした。

　その日、私は一つの決心をしました。ねる前に必ず、一日の感謝な出来事を思い返すことにしたのです。初めは、感謝することがうかんできませんでした。それで、何日かしたら結局やめてしまいました。

　けれども、この本を編集していく中で、なぜ感謝をするべきなのか、どのように感謝するべきなのかを知ることができました。感謝は無理にするものではありません。心からわき上がってきてこそ、本当の感謝となるのです。そして感謝とは、私たちが毎日息をし、食事をするように、自然にするものだということです。

　これまで感謝の目を閉じていたなら、今大きく開いてみてください。数えきれないほど多くの感謝が見えるでしょう。その感謝を、神さまに言ってみてください。両親や友だちにも話してみてください。そうすると、世界がより明るく、温かくなってくるでしょう。それはまさに、みなさんの感謝の力となることでしょう。

　　　　　　　　　　　　　　　　　　　　イム・グムソン

CONTENTS

## 感謝の種

| | |
|---|---|
| 家が広くなった | 12 |
| 神さまが一番喜ばれる言葉 | 15 |
| パンと魚 | 17 |
| 幸せと感謝は針と糸 | 19 |
| 世界で一番美しい言葉 | 21 |
| アキバの話 | 23 |

## 感謝の芽

| | |
|---|---|
| メイドの欲 | 28 |
| 他の人がもっと幸せに見える | 30 |
| 比べないでください | 32 |
| クッキーにこめられた愛 | 35 |
| 心配しない | 38 |
| だれがほうびを受けるべきか？ | 41 |
| 砂のつぼと砂鉄 | 44 |
| 少女のカード | 47 |
| 九人はどこに？ | 49 |
| マッカロー博士の実験 | 52 |
| ヨセフの感謝 | 54 |
| にじ色の手ぶくろ | 57 |
| ワニとハンター | 60 |

## 感謝の木

| | |
|---|---|
| 水にうかぶ石けん | 64 |
| 3げんのバイオリン | 68 |
| オプラ・ウィンフリーの日記 | 70 |
| カモメのめぐみ | 73 |
| くつの修理職人ウィリアム・ケアリ | 78 |
| パウロのとげの感謝 | 80 |
| はずかしい古いくつ | 83 |
| 失敗に勝つ力 | 87 |

## 感謝の実

| | |
|---|---|
| 感謝を分かち合ってください | 92 |
| 天国に行ったテッド | 96 |
| イスラエルの総理、ゴルダ・メイア | 100 |
| 100万回の感謝 | 102 |
| 幸せなそうじのおじさん | 104 |
| 感謝は覚えておくこと | 106 |
| ライオンの穴(あな)の中での感謝 | 109 |
| 神さまの創造物(そうぞう) | 112 |
| | |
| 感謝の門を出て | 115 |

**付録** 親子がいっしょに読むページ
感謝する方法を学んでみよう！
私(わたし)の感謝指数はいくつだろう？

One's Whole Life in Appreciation
For Kids
by Kwang Jeon, Geum Soon Im
copyright©2014 Word of Life Press,Korea

感謝の種

一つぶの感謝の種を心にまいてください。
感謝はとても小さなことから始まります。

## 家が広くなった

　一つの部屋に家族8人が暮らす、とても貧しい家がありました。あまりにもせまくて、息がつまりそうでした。どんなに頭をひねっても、せまい部屋を広く使える良い方法が思いつきません。家族はみんないらいらし、けんかをしない日はないほどでした。
　その日も、お父さんはお母さんとひどいけんかをしました。やっと仲直りした時、お母さんが言いました。
　「あなた。こんなことばかりしていないで、ラビ（ユダヤ教の律法の先生）を訪ねましょう。どんな問題でも解決してくれると聞いたから」
　お父さんは、それは良い考えだと、すぐに町でうわさのラビを訪ねました。
　ラビはお父さんをかんげいし、質問しました。
　「どんななやみがあって訪ねてきたのですか？」
　「私の家はとても貧しくて、部屋が一つしかありません。そこで、妻と6人の子どもたちといっしょに暮らしています。そのため、ささいなことで言い争い、家族の仲がだんだん悪くなってしまっているのです」
　「そうですか。まず、家に帰って、私が言う通りにすると約束できますか？」
　「もちろんです。約束します」

「何か、動物を飼っていますか?」
「はい。牛1頭とヤギ1頭、それとにわとりを数羽飼っています」
「では、その動物をみんな、家の中に入れなさい」
　お父さんは、それを聞いておどろきましたが、もう約束をしてしまったので、言われた通りにすることにしました。
　次の日、お父さんはラビの家に行きました。
「言われた通りしましたが、変わったことは何もありません。せまい家に動物までおしこめられているので、大変です。どうか助けてください!」
　その言葉を聞いて、ラビは言いました。
「では、にわとりを家から出しなさい」
　次の日、お父さんはまたラビを訪ねました。
「にわとりは全部出しました。けれども、ヤギが問題です。家具をこわして、何でも手当たり次第食べてしまうのです」

「では、今度はヤギを家から出しなさい」
　次の日も、お父さんはラビのところにやってきました。
「本当に、人の住む家とは思えませんよ。私(わたし)の家に一度来てみてください。牛は牛舎にいるべきで、人といっしょに住むべきではありません」
「もっともですね。では、家に帰って牛を外に出しなさい」
　次の日、今度は幸せいっぱいのほほ笑みをうかべて、お父さんはラビを訪(たず)ねてきました。
「先生。今はとても幸せです。動物を家からみんな出しました。すると、家がとても静かで広くなり、やっと暮(く)らしやすくなりました。本当に感謝します！」

## 考えてみよう

　感謝は心の持ちようです。このお父さんのように、ちょっとした変化で、不満であったことも感謝に変わります。不満に思っていることを思いうかべ、それよりもっと良くないことを想像して、今このしゅんかんを感謝してみましょう。

## 神さまが一番喜ばれる言葉

　この世界に生まれてきた子どもたちが、最初に習う言葉は何だと思いますか？　それは多分、「ママ」という言葉でしょう。子どもたちはなぜママという言葉を最初に習うのでしょう？　それは、この世界で生きていくために一番必要な人だからです。では、「ママ」という言葉の次に習う言葉は何だと思いますか？　いくつかあると思いますが、そのうちの一つは「ありがとう」ではないでしょうか。

　子どもがどんどん成長していくと、いろいろな気持ちや意志を表現するようになります。その中でも、「ありがとう！」という言葉はきれいで、とても気持ちのいい言葉なので、お父さんとお母さんはこの言葉を一生懸命教えるのです。子どもたちは、おじいちゃん、おばあちゃんがおいしいものやおもちゃを買ってくれた時には「ありがとう！」とお礼を言います。そうすると、大人たちは「いい子だね」とほめてくれます。

　ところが、どんどん子どもが成長していくと、「ありがとう！」よりも「これが欲しい！」という言葉の方を多く使うようになってしまうのです。

実は、神さまにいのる時も、それと同じです。「神さま、ありがとうございます！」という言葉よりも、「神さま、あれを下さい。これも下さい」と求めてばかりいます。
　そこで、自分の願いがかなえられるまでは「ありがとうございます！」という言葉は心の片すみに閉じこめてしまいます。すでに両手いっぱいに神さまがプレゼントを下さっているのに、それには全然気がつきません。ある時は、欲しいものをもういただいているのに、そのことがわからないのです。「ありがとうございます」という言葉を減らしてしまうと、感謝の気持ちも消えてしまうのです。
　神さまは、もちろん私たちが必要なものを求めることを喜ばれます。

　だけど、神さまが一番好きな言葉は「ありがとうございます！」なのです。

**考えてみよう**

　みなさんは「ありがとう」と言われたら、どんな感じがしますか？　だれかに感謝を表現するのを忘れていませんか。神さまからどんなプレゼントをもらっているか、考えてみましょう。そして、神さまに感謝のいのりをささげましょう。

## パンと魚

　イエスさまがガリラヤ湖をわたった時のことです。たくさんの人が、イエスさまのすばらしいきせきを見て、イエスさまについていきました。イエスさまは山に登り、弟子たちといっしょに座(すわ)られました。ユダヤ人の祭りである過ぎこしが近づいているころでした。

　イエスさまは、たくさんの人が集まっているのを見て、弟子のピリポにたずねました。「どこからパンを買って来て、この人々に食べさせようか」（ヨハネ6：5）。イエスさまがこのようにたずねられたのは、ピリポを試すためでした。本当は、もう解決の方法を知っておられたのです。その時、他の弟子であるアンデレが答えました。

　「ここに少年が大麦のパンを5つと小さい魚を2ひき持っています。しかし、こんなに大ぜいの人々では、それが何になりましょう」

　すると、イエスさまは「人々を座(すわ)らせなさい」と言われました。そこは草が生えていて、座(すわ)るのにちょうどよい場所でした。人々の数は、男だけでもおよそ5000人でした。

イエスさまは、パンを取り、感謝のいのりをささげられました。そして、すわっている人々にパンを分け、魚も欲しいだけ分けられました。
　彼らが十分食べた後、イエスさまは弟子たちに言われました。
「あまったパン切れを、一つもむだに捨てないように集めなさい」
　すると、12のかごがいっぱいになったのです。
　小さなことを感謝する時、信じられないきせきが起こるのです。

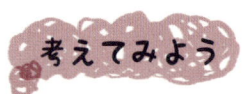

## 考えてみよう

　小さくて役に立たないと思っても、自分の得意なことや持っているものを書き出してみましょう。それがどんなに小さなことに思えても、大切にして、感謝し、使ってみましょう。

## 幸せと感謝は針と糸

　私たちの周りには、お金がたくさんあれば幸せだと言っている人がとても多いですね。幸せになれないのは、お金がないからだとみんな思っています。ずいぶん前から、多くの人たちがこのような考え方をしてきました。だから、童話や昔話も「お金持ちになって、いつまでも幸せに暮らしましたとさ！」って終わるものが多いのです。

　でも、ある科学者たちが、おもしろいことを発表したのです。幸せを感じる感覚と、感謝を感じる感覚は同じなんだそうです。感謝することを知らない人は、決して幸せを感じることができないと言うのです。本当でしょうか？

　この事実を裏づけてくれたある調査が、2006年、イギリスで行われました。どの国の人々が一番幸せだと感じているのか調査をしたのです。178の国が調査の対象となりました。果たして、どんな結果が出たのでしょう？

　科学が発達して、豊かな国が幸せだと感じているだろうと思いましたが、おどろいたことに正反対だったのです。アメリカみたいな豊かな国でも150番目、韓国は102番目でした。

　では、どの国が一番なのでしょう？　それは、バヌアツでした。もしかしたら、初めて聞く国の名前かもしれません。

　バヌアツは、オーストラリアの近くにある、小さな島国です。国民の80％以上がキリスト教徒で、高い建物や自動車よ

りも、自然に囲まれているところだそうです。この国は、幸福指数は一番でしたが、国民が1年間でかせぐ金額の順位では、世界233カ国のうち207番目でした。貧しい国なのです。だけど、あたえられたものに満足して、感謝して生きているから幸せだと感じています。お金持ちになったから感謝したのではなく、感謝する心そのものが、豊かさを生み出すのです。

　みんなも、毎日毎日感謝すれば、心が幸せでいっぱいの豊かな人になれるのです。

### 考えてみよう

　どういう時に幸せだと感じるかを考えてみましょう。神さまや家族、友だちに感謝したいことを書いて、幸せの点数をつけてみましょう。一番点数が高い人が「感謝王」ですよ。

## 世界で一番美しい言葉

　世界には、美しい言葉がたくさんあります。反対に、暗くて、相手を傷(きず)つける言葉もたくさんあるでしょう。美しい言葉はまるで光のようで、とても小さな一言が、暗やみを明るく照らします。

　たくさんの美しい言葉の中で「ありがとう」は、多くの人を生かす重要な言葉です。では「ありがとう」という言葉は、世界各国ではどのように言うのでしょうか？

　ロシアでは「スパシーバ」
　ドイツでは「ダンケ」
　ブラジルでは「オブリガード」
　インドでは「ダンニャワード」
　中国では「シェイシェイ」
　アメリカでは「サンキュー」と言います。

　世界のすべての国の言葉を書き出すことはできませんが、世界中の人が、自分の国の言葉で天に向かっていっせいに「ありがとう」とさけんだらどうでしょうか？　きっと神さまはとても喜ばれるでしょう。「ありがとう」という言葉が、美しいハーモニーで天いっぱいにひびきわたる様子を想像してみてください。

ところで、このような美しい言葉を、みなさんは一日に何回くらい使っていますか？　今日から数え始めてみてください。神さまは、みなさんの口から、このような美しい言葉がたくさん出てくることを願っておられます。

**考えてみよう**

　今日一日、「ありがとう」という言葉を何回言ったか数えてみましょう。天に向かって「神さま。ありがとうございます」とくり返し言ってみましょう。

## アキバの話

　アキバは、家が貧しくて学校に通うことができなかったので、読み書きができませんでした。お金持ちの家で、羊飼いとして働いていた彼(かれ)は、その家のむすめさんが好きになり、家の反対をおし切ってけっこんしました。家から追い出され、貧しい生活を始めた二人は、一日一日をやっとのことで過ごしていました。そんなある日、このままではいけないと考えた妻は、アキバに勉強をするように言いました。それからアキバは、子どもといっしょに学校に通うようになりました。12年間がんばって勉強した彼(かれ)は、とうとうラビ（ユダヤ教の先生）になりました。

　しばらくして、アキバにはたくさんの弟子ができました。ある時、アキバは旅に出ることにしました。アキバの荷物はとても簡単(かんたん)なものでした。お金は少しも持ちませんでした。本を読むためのろうそくと、時間を知らせるにわとり、遠い道のりを進むためのロバと、モーセ五書（旧約聖書(せいしょ)の一部）だけを準備しました。長い旅に出かけたアキバは、ある村に着きましたが、そこではみんなからいやがられ、どの家もアキバをとめてくれませんでした。しかしアキバははらを立てたりしないで、「神さまがなさることはみな良いことだ」と言って、野宿する場所(さが)を探しました。

　アキバは、村からはなれたところに良い場所を見つけ、そ

こで一晩を過ごそうとしました。ねむる前に、神さまの言葉を読もうとろうそくをつけましたが、風がふいて、あかりが消えてしまいました。アキバはこのことも「神さまのなさることはみな良いことだ」と神さまに感謝して、そのままねむりました。ところが、アキバがねむっている間に、今度はキツネが来てにわとりにかみつき、ライオンが来てロバをかみ殺してしまったのです。にわとりはにげ、ロバは死んでしまいました。それでもアキバは「神さまのなさることはみな良いことだ」と言って、感謝してねむることにしました。

　次の日の朝、アキバは旅を続けるために、動物を手に入れようと、再び村を訪れました。

　するとどうでしょう。村はしんと静まり返っていました。前の晩、村はとうぞくにおそわれ、とうぞくたちは村人たちを殺して財宝をうばっていったのでした。生き残った人もみな、にげてしまっていたのです。

もしもこの日、アキバが村からはなれたところにとまっていなかったら、また、ろうそくが消えていなかったら、にわとりとロバがいて、鳴き声をあげていたら、どうなっていたことでしょう？
　きっと、その声を聞いたとうぞくに、アキバはおそわれていたでしょう。アキバは、このすべてのことをじっくり考えながら、地面にひれふし、両手を上げて、神さまに感謝のいのりをささげました。

考えてみよう

　困（こま）ったことが起こっても、かえってそれが良い結果になると信じましょう。アキバ先生のように、神さまがよいように働いてくださることを信じて、感謝のいのりをささげてみましょう。

# 感謝の芽

感謝の種から新芽が出てきます。
毎日の小さな感謝は、
新芽を育てる日差しと水と風になるでしょう。

## メイドの欲

　19世紀のはじめ、イギリスに、コングルトンという人がいました。たくさんのメイドをかかえるお金持ちのコングルトンは、ある日、台所の前を通った時、一人のメイドがこう言うのをたまたま耳にしました。
　「ああ。私はなんでこんなに貧しいのかしら。今、5ポンドあったら本当に幸せなのに」
　それを聞いたコングルトンは、しばらくの間考えました。
　「そうか。私にとってはたいしたことのない5ポンドも、この人にとっては大金なんだなぁ」
　コングルトンは、ふと、彼女を幸せにしてあげたいと思いました。それで、5ポンドを準備して、彼女を呼びました。
　「実は、あなたが台所で話していることを聞いてしまった。ここに5ポンドある。これであなたが幸せになるなら、私もうれしいよ」
　コングルトンは満足でした。彼女がとても喜ぶだろうと思ったからです。しかし、このメイドは、5ポンドを手に入れたにもかかわらず、立ち去りながら、このようにひとり言をつぶやきました。
　「私って本当にばかだわ。何で10ポンド欲しいって言わなかったのかしら！　5ポンドと言ったために、これしかもらえなかったわ」

人の欲には、実に終わりがありません。私たちも、この話のメイドのようになっていないか、じっくり考えてみましょう。私たちは、願っているものを手に入れたら、きっと世界を手に入れたかのように幸せになるだろうと思います。しかしいざそれを手に入れると、もっと大きなものを欲しがるようになります。そのため、感謝するよりは不平不満を言うようになるのです。
　欲はまるでどろぬまのようで、だんだんと深みにはまっていくものです。欲の代わりに、感謝する心を持ちましょう。それが、幸せの始まりです。

### 考えてみよう

　みなさんは、何が欲しいですか？　願いがかなったら、また別の欲しいものが出てきて、感謝できなかったことがありますか？　欲しいものは横に置いて、まず感謝しましょう。

## ほかの人が幸せに見える

　暑い夏の日、ある青年がおなかを空かせてハンバーガーショップに行きました。彼はハンバーガーを一つだけ買って外に出、日かげにあるベンチに座って、あせを流しながらそれを食べていました。その時、立派な、ピカピカの車がお店の前に止まりました。その車から、秘書のような女性が降りてきてハンバーガーを買い、車の中に乗っている人にそれをわたしています。それを見た青年は、うらやましく思いました。
　「ああ。ぼくにもだれかがハンバーガーを買ってきてくれて、あんなすてきな車の中で楽に座って食べられたらどんなにいいだろう。こんな暑い日に、あせを流しながら公園のベンチに座って食べているなんて、みじめだなぁ」
　しかしこの時、車の中でハンバーガーを食べていた男の人も、ベンチに座ってハンバーガーを食べている青年を見ながら、こう考えていたのです。
　「私もあの青年のように、足がじょうぶでハンバーガーを買うためにここまで歩いてくることができたら、どんなにいいだろう。

そしてベンチに座って、さわやかな空気を吸いながら昼食を食べることができたら、どんなに幸せだろう！」

　このように、人は自分にないもの、自分が持っていないものばかりを考えて、ほかの人と比べながら生きています。願っていたものを手に入れたそのしゅんかんは喜んでいても、ほかの人の手にあるものがもっと良く見えると、その喜びもつかの間、感謝の心はすぐに消えてしまうのです。

　ある博士の言葉です。

「人間には薬では治せない病がある。それは、『自分はダメだという思い』と『人と比べること』である」

　人と比べる病気を追いはらい、自分の持っているものを感謝しましょう。

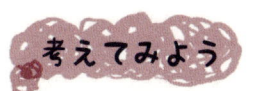

### 考えてみよう

　人と自分を比べて、悲しくなったことはありますか？　どんな時、自分が幸せではないと感じますか？　その問題を反対に考えて、自分がどれほど幸せかを見つけてみましょう。

## 比べないでください

　ある日、弟子たちがイエスさまに聞きました。
「イエスさま。天国では、だれが一番えらいのでしょうか？」
　みんな、自分の名前を呼んでくれないかというまなざしで、イエスさまを見上げました。
　イエスさまは、何と答えられたでしょうか？　まず、イエスさまは、近くで遊んでいる小さい子どもを呼びました。
「こっちにおいで」
　とまどった表情で近寄ってきた子どもを、イエスさまは弟子たちの前に立たせて、このように言われました。
「よく聞きなさい。あなたがたも、くい改めて子どもたちのようにならない限り、決して天国に入ることはできません。この子どものように、自分を低くする者が、天国で一番えらいのですよ」
　この言葉を聞いた弟子たちは、はずかしくなってうつむいてしまいました。
　たぶん弟子たちは、この世でえらい人が天国でもえらいと考えていたのでしょう。まるで、テストを受けて、点数が発表される前に「先生。今度のテストはだれが一番ですか？だれが一番良い点数を取りましたか？」と聞くのと同じです。
　このように、私たちは比べることが好きで、その中で自分が一番上になることを願います。それで、自分が友だちより

成績が少し良かったり、少しかわいい洋服を着ていたり、少し高い文ぼう具を持っていたりすると、得意になったりするのです。けれども、自分よりもっと良い物を持っている友だちがいると、とたんに落ちこんでしまいます。

　こうしていつも友だちと比べていると、感謝する心はだんだんなくなって、かえって不満が出てくるようになります。

　サン＝テグジュペリが書いた『星の王子さま』という本を読んだことがありますか？　主人公の王子さまに、こんなセリフがあります。「おとなというものは、数字が好きです」。ところが、最近は子どものみなさんも、ずいぶん大人に似てきているようです。すべてのことを数字で比べているのをよく見かけます。

「お前の彼女(かのじょ)、かわいい？　身長はどれくらい？」
「あなたの住んでいるマンションの広さは？」
「今回は何位だった？」などと聞かれたら、このように言ってみましょう。
「ぼくの彼女(かのじょ)はねこが好きなんだ」
「私(わたし)の家には、きれいな植木ばちがいっぱいなの」
「テスト、一生懸命(けんめい)やったよ。今度はもっとがんばるぞ」

私たちが数字ですべてのことを計算し始めると、神さまが下さる感謝の目がくもってきます。そして、神さまが私たちをどれほど大切に思っているかもわからなくなってしまうのです。比べるより、どんなものも大切であるという考えを持ちましょう。

### 考えてみよう

　友だちの中で、うらやましいと思う人がいますか？人と比べないで、自分がよくできることや、好きなことは何かを考えてみましょう。自分の良いところを数えて、そのことについて感謝しましょう。

## クッキーにこめられた愛

　ハンス・ウッド先生は小学校１年生の担任になりました。
　ある日の読み方の時間、先生はふと、子どもたちにほかの人を思いやり、もてなす心を教えたいと考えました。そのためには、最初に自分が子どもたちのために何かをしてあげなければと決心したのです。そこでその日の夜、かわいい動物の形のおかしを、真心をこめて焼きました。おいしそうに焼けたおかしの上に、色のついた砂糖できれいにかざりつけました。中でも、オレンジ色に光るしっぽ、黄色いたてがみをしたライオンのおかしは、本当にかっこよくできたのです。
　次の日の朝、先生はお皿にクッキーを乗せて、子どもたちに見せながらこう言いました。
　「さあ、みんな。先生がみんなのことを考えながら、夜おそくまでかかっておかしを作ったよ。けんかしないで、静かに前に出て、一つずつ気に入ったおかしを取っていってください」
　ところが男の子たちは、先を争って前につめかけ、一つかみずつ持っていってしまったのです。

特にライオンの形をしたおかしは、みんな持って行こうとして大さわぎ。女の子たちも残りのおかしを食べようと言い争い、ひどいけんかになりました。あっという間におかしは全部なくなり、教室はひどい争いの場に変わってしまったのです。教室の後ろに静かに立っていたシンディだけが、おかしを一つももらうことができませんでした。友だちにおされて、おかしにさわることさえできなかったのです。
　シンディを見た先生は、とてもがっかりしました。だれ一人、友だちにクッキーを分けてあげる人はいなかったのです。それに、夜通しおかしを作ってきた先生に、感謝の言葉を言った人も、だれもいませんでした。
　その次の日のことです。昨日おかしを食べられなかったシンディが、先生に近づいてきました。
「あの……先生」
「シンディ、どうしたんだい？」
「昨日、私たちのためにおいしいおかしを焼いてくれてありがとう」
「ありがとう。だけどシンディ、君は食べられなかったじゃないか」
　するとシンディは、にっこり笑ってこう言いました。
「実は、昨日おかしを食べられなかったのでおこっていました。家に帰って、お母さんにそのことを話したら、言われたんです。おかしより、先生の温かい心の方がもっと大切だって。だれもありがとうって言った友だちがいなかったのなら、私(わたし)が先生に必ず感謝の気持ちを伝えなさいって。だから、お

かしは食べられなかったけれど、先生が私たちを愛して大事に思ってくれている心に感謝したいんです」
　シンディの話を横で聞いていた一人の女の子が、もじもじしながら先生の前に近づいてきました。
「先生、ごめんなさい。そして、ありがとう。昨日のおかし、本当においしかったです」
　すると、教室のあちこちから、「先生、ありがとう！」という言葉が聞こえてきたのです。
「先生、世界で一番おいしいおかしだったよ。ありがとう。明日もまた焼いてきてね。いいでしょ？」
　子どもたちはいっせいに声をあげ、先生は明るい笑顔でこたえました。

### 考えてみよう

　いつも自分のことをお世話してくれる人はだれですか？　友だちと感謝カードを作ってプレゼントしてみましょう。特別な日じゃなくても、先生に感謝の気持ちを伝えてみましょう。

## 心配しない

　この世で、心配やなやみがない人なんて、だれもいないでしょう。みんなも心配のあまり、元気が出なくて、ご飯も食べたくなくて、友だちと遊ぶ気にもなれないことがあったでしょうか？　そんな時はとてもつらいでしょう。大人になってもたくさん心配することがあります。大人になっても、心配はつきないのです。

　けれども、心配していることについてよく考えてみると、本当はとっても小さなことである場合があります。私(わたし)たちは起こってもいないことを心配することによって、どれほど時間をむだにしているでしょうか。私(わたし)たちは、心配することがなくなれば幸せになるとかんちがいしています。けれども、そうとは限りません。

　有名な心理学者のアーニー・J・ゼリンスキーは、心配しないでいられる人です。彼(かれ)は『知らずに生きる楽しみ』（日本未邦訳(ほうやく)）『ゆっくり生きる楽しみ』（"Don't Hurry, Be Happy!"、邦訳(ほうやく)は『スローライフの素602』）『見て！お母さん。人生は簡単(かんたん)なのです』（日本未邦訳(ほうやく)）など、多くの本を出している作家でもありますが、とても変わった人です。どんなに時間がたっても、いつも自分は35さいだと言っています。そして、1週間に4日間しか働きません。また、1年の中で、アルファベットのRが入っている月は無条件に休むそうです。それ

でも、ゼリンスキーが書く本はすべてベストセラーになるのです。そのひけつは何でしょうか。

ゼリンスキーは、働かずにただのらりくらりと遊んでいるわけではありません。他の人たちが心配したりなやんだりして過ごす時間を、自由で幸せで感謝する生活に変えたのです。感謝する人には創造(そうぞう)する力があふれるのです。

ゼリンスキーの『ゆっくり生きる楽しみ』にのっている言葉を教えてあげましょう。

「心配の40％は、『決して起こらないこと』であり、
　心配の30％は、『すでに起こってしまったこと』であり、
　心配の22％は、『取るに足りないこと』であり、
　心配の4％は、『私(わたし)たちの力ではどうにもできないこと』である」

ですから、私たちが心配することの96％はコントロールできないことなのです。心配して解決できることは、せいぜい４％に過ぎません。

イエスさまは、心配ばかりしている私たちのために、良い言葉を下さいました。

「だから、あすのための心配は無用です。あすのことはあすが心配します。労苦はその日その日に、十分あります」（マタイ６：34）

欲張りすぎてつかれたり、人と比べたり、心配したりする代わりに、私たちがしなければならないことは何でしょうか？

「何も思い煩わないで、あらゆるばあいに、感謝をもってささげるいのりと願いによって、あなたがたの願い事を神に知っていただきなさい」（ピリピ４：６）

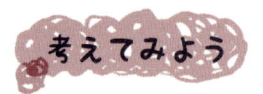

### 考えてみよう

どんなことを心配していますか？　それはすでに起こってしまったことですか？　それともまだ起きていないことでしょうか？　心配で心がいっぱいにならないように、聖書の通りに神さまにいのってみましょう。心配となやみを、いのることで、感謝に変えましょう。

## だれがほうびを受けるべきか？

　昔、めずらしい食べ物が好きな王さまがいました。王さまは、毎日食べている食事にすっかりあきてしまい、何か特別な味の料理が食べたいと思いました。そこで「どこでも味わったことのないような料理を作ったコックにはほうびをあたえる」と国中におふれを出しました。

　全国から有名で実力のあるコックたちがどっとおし寄せてきました。みんな、自信のある料理を王さまにささげました。その中で、王さまを夢中にさせた料理がありました。

　その料理を作ったコックが、王さまの前に呼ばれました。

　「お前が作った料理は実にすばらしい。約束通り、ほうびをあたえるから、今日のようなおいしい料理を続けて私に作ってくれ。この王宮に留まってほしい」

　しかし、コックはほうびを断ってこのように言いました。

　「王さま。私はほうびをいただく資格はございません。この料理のおもな材料である、しんせんな野菜を売ってくれた八百屋こそ、ほうびを受けるにふさわしいと思います」

王さまは、目を丸くしておどろきました。
　「そうか？　お前がそう言うなら、しんせんな野菜を売った八百屋を呼ぼう」
　今度は、八百屋が王さまの前に呼ばれました。
　「お前が、このコックに野菜を売ったのか」
　「はい。王さま」
　「それならば、このコックの代わりにほうびを受けるがよい」
　「えっ？　とんでもありません。私はただ、野菜を売っただけです。ほうびを受けるなら、この野菜を作った農夫でしょう」
　「そうか？　それなら農夫を呼びなさい」
　最後に王さまの前に呼ばれた農夫は、何のことかわからずにおろおろしていました。
　王さまは言いました。
　「コックも八百屋も、私のほうびを受けられないと言う。ほうびを受けるのは、しんせんな野菜を作った農夫だと言うのでお前を呼んだのだ」
　「王さま。私はただ種をまき、野菜をよく手入れしただけです。本当にほうびを受けるべきお方は、神さまです。神さまが時にかなって雨を降らせ、日光をあたえてくださったからです」

### 考えてみよう

　神さまが下さるプレゼントはとてもたくさんあります。みなさんの周りを見わたしてみてください。そして、神さまが下さっている祝福を探してみましょう。

## 砂のつぼと砂鉄

　さばくに住んでいる部族がいました。彼らが空を見上げていると、ある日、軽飛行機が一機ついらくしたのです。勇ましい一人の若者が飛行機に近づいてみると、そこにはけがをしたパイロットがいました。

　村人たちの手厚いかんびょうによって、やがてパイロットは元気になりました。しばらくの間、言葉が通じないので、絵をかいて話をしていましたが、助けがやってきたので、パイロットは自分の国にもどることができました。彼は、その村にお礼がしたいと思いました。調べてみると、村の人々は、鉄をはかりにかけて、お金の代わりに使っていることがわかりました。そこでパイロットは、村の人みんなに、つぼいっぱいに砂鉄を入れて送ろうと思いました。しかし、彼の奥さんは言いました。

　「砂鉄が急に増えたら、価値が落ちてしまいます。少しだけ送った方がいいわ。そして、この機会に彼らに神さまの祝福を知らせるのがいいんじゃないかしら」

　そこで、パイロットはさっそくたくさんのつぼを準備し、中に砂と砂鉄を混ぜて送りました。

　おくり物を受け取った村の人たちは、つぼの周りに集まってきました。ところがつぼのふたを開けてみると、砂しか入っていません。さばくのどこにでもある砂をいったい何に使

うのかと、みんな不平を言いました。ところがある人がさけびました。
「砂の中に、砂鉄がまじってるぞ」
　砂鉄がまじっていることを知ってみんなは喜び、つぼを持って自分の家に帰りました。
　みんな、どうやって砂鉄を取り出したのでしょう？　ある人は、つぼの中に手を入れて、一生懸命かき混ぜました。しかしほんの少ししかすくい上げることができません。ところがある人は、磁石をつぼの中に入れて、ひゅっとひとまぜしました。しばらくすると、どうなるでしょうか？　磁石のはじに、砂鉄がすずなりになってくっついてくるのです。
　みなさん、この砂鉄を、神さまがくれたおくり物だと考えてみてください。みなさんは、砂鉄をたくさん受け取りたいからといって、つぼの中をやたらにかきまぜるでしょうか？
　どんなにかき集めようとしても、指先から全部こぼれ落ちてしまいます。しかし、磁石があれば、砂鉄は集まってきて、磁石にくっつきます。この磁石こそ「感謝」の気持ちです。
　神さまからのおくり物をたくさん受け取るためには、感謝の心を持つことが大切です。そうすれば、自然におくり物がたくさんくっついてくるのです。
　「感謝」というのは本当にすごいですね。何かをもらうため

に無理に感謝するのではなく、ただ、すべてのことに感謝の気持ちを持つなら、神さまは私たちに、もっとすばらしいおくり物を下さいます。

### 考えてみよう

みなさんの人生に、良いことがたくさんあってほしいですか？　感謝という磁石を使ってみましょう。
今日あった出来事を、感謝の気持ちでふり返ってみましょう。そして、うれしかったことを探して数えてみましょう。それをみんなで話し合いましょう。

## 少女のカード

　1860年9月、アメリカの北東部にあるミシガン湖で、一せきの遊覧船があらしのため、岩にぶつかってしまいました。400名以上の乗客を乗せた、とても大きな船でした。船は、いっしゅんにしてじごくのようになってしまいました。
　ミシガン湖の近くにある、名門ノースウェストン大学の寄宿舎にまで、船の中にいる人たちの悲鳴が聞こえてきました。
　「助けて！　助けて！」
　ちょうど寄宿舎で勉強をしていたスペンサーは、さけび声が聞こえる方に向かっていきました。幸いなことに、スペンサーは水泳選手でした。彼は、全力で陸地から800mもはなれた船まで16回も泳いで行き来し、おぼれている人たちを次々に助けました。スペンサーが助けた人は17名でした。とうとう彼も力つきて、病院に運ばれました。
　このことは、マスコミに大々的に報道されました。だれもがスペンサーをほめたたえました。しかし彼はこのことによってからだをこわし、車イスで生活しなければならなくなったのです。それから長い時間が過ぎたある日、スペンサーのところに、一人の記者が訪ねてきました。
　「あの時のことを覚えていますか？」
　「もちろんです。昨日のことのようにはっきりと覚えています」

「17名のいのちを救ったと聞いていますが、その人たちの中で、今でも連絡をくれる人はいますか？」
　その言葉にスペンサーは、力なく首を横にふるだけでした。
「ただ一人の少女だけが、毎年クリスマスカードを送ってくれます。感謝の気持ちをこめて」

### 考えてみよう

　みなさんが大変だった時に、助けてくれた人や友だちを思い出してみましょう。今改めて、感謝の心で、その思いを伝えてみましょう。

## 9人はどこに？

　イエスさまがエルサレムに向かうと中、サマリヤとガリラヤの間を通られました。ある村に入られた時、10人の重いひふ病にかかった人に出会いました。遠いところに立ち止まり、大声でさけんでこう言いました。
「イエスさま。私(わたし)たちをあわれんでください」
　その当時、重いひふ病にかかった人はけがれていると考えられていたので、服を引きさき、かみを乱(みだ)し、人が近くに来ると口ひげをおおって「けがれている、けがれている」と大声でさけばなければなりませんでした。人々が近寄るのを防ぐためです。
　イエスさまは、その人たちにこう言いました。
「行きなさい。そして自分を祭司に見せなさい」
　彼(かれ)らは、行くと中できれいにいやされました。
　そのうちの一人は、自分がいやされたことがわかると、大声で神さまに感謝をしながらもどってきて、イエスさまの足もとにひれふしました。この人はサマリヤ人でした。イエスさまは聞きました。
「10人いやされたのではないか。9人はどこにいるのか。神をあがめるためにもどって来た者は、この外国人のほかには、だれもいないのか」
　彼(かれ)らは、イエスさまに病をいやしてもらうように強く願い、

イエスさまは彼らの願い通りいやしてあげました。しかし、10人のうち9人は、いやされると喜んで祭司長のところに行ってしまい、一人だけがイエスさまのところにもどってきて、感謝をささげたのでした。イエスさまは、この感謝を表した外国人を喜ばれ、このように言われました。

「立ち上がって、行きなさい。あなたの信仰が、あなたを直した（救った）のです」（ルカ17：19）

イスラエル人である9人は、からだを治してもらって終わりましたが、感謝をささげたサマリヤ人は、「いのちの救い」までおくり物としていただいたのです。

同じめぐみをいただいたのに、なぜイスラエル人とサマリヤ人でこのようなちがいがあったのでしょうか。そこに感謝の秘密がかくされています。当時、サマリヤ人はイスラエル人から無視され、仲間外れにされていました。彼らはとっても低い地位にいた、心がかわいていた人たちだったのです。

彼ら(かれ)にとって、どんなことも当たり前のことではありませんでした。それで、感謝を自然にすることができたのです。
　自分の周りにあるものが当たり前だと思っている人は、感謝を見つけることができません。しかし、へりくだっている人は、生きていることさえも、神さまに生かされていると思い、周りにある一つ一つのものも、神さまが下さったものだと思うのです。だから、感謝することができます。
　やってもらって当たり前に思わないで、へりくだって感謝をささげることが大切なのです。
　神さまが住まわれる場所が二つあります。一つは天国で、もう一つは感謝する心です。いつも感謝する心で生活するなら、みなさんの心は、神さまが住まわれる小さな天国となるでしょう。

### 考えてみよう

　今持っているものが、どのようにして自分のところに届(とど)いたかを考えてみましょう。いつも当たり前だと思って、感謝していなかったことも、神さまに感謝しましょう。

# マッカロー博士の実験

　アメリカのテキサス州ダラスに住んでいるマッカロー博士が、友人といっしょにおもしろい実験を考えました。最初は実験対象がいなくてなやみました。しかし、友人の博士がいいアイデアを思いつきました。カリフォルニア大学の新聞やけいじ板に「実験に参加した人は、テストで高い点数をあげます」という文をのせたのです。
　翌日、数百人のボランティアが集まってきました。マッカロー博士は笑いながら、その中から300人を選んで100人ずつ3つのチームに分けました。そして、チームごとにちがう課題を出したのです。

　Aチームの学生たちには、「毎日起こったことをすべて記録してください」と言いました。
　Bチームの学生たちには、「毎日気分が悪かったことをすべて記録してください」と言いました。
　Cチームの学生たちには「毎日感謝したことをすべて記録してください」と言いました。
　この実験は、3週間続きました。いったいどのような結果が出たでしょうか？
　Cチームの学生たちは、3週間の間、とっても幸せだったと言いました。ストレスもほとんど受けなかったのです。そ

の期間中に病気になった人は一人もいませんでした。だれもが活気にあふれ、明るい表情で人々に接しました。

逆にBチームの学生たちは、今までよりも友人とけんかすることが多く、ボーイフレンドやガールフレンドと別れ、おなかもこわしてしまったと言いました。表情も険しくなってしまいました。

マッカロー博士は、実験結果をこのように発表しました。

「感謝する人たちは、ストレスをあまり受けません。
感謝する人たちは、他の人よりも幸せだと感じます。
感謝する人たちは、力があふれてあまり病気になりません。
感謝する人たちは、他の人にも喜びをあたえます。
感謝と不満はウイルスと同じように、他の人に感染(かんせん)します」

**考えてみよう**

毎日感謝だと思うことをすべてノートに書き出してみましょう。そうすれば、顔も体も元気に、美しくなるんですよ。

## ヨセフの感謝

　ヤコブには、12人の息子がいました。ヨセフは、その中の11番目でした。父親のヤコブはヨセフを特別に愛して、赤や黄色やオレンジ色など何色も使っているすてきな着物を着せました。そのため、兄弟たちはヨセフがきらいでした。
　そんなある日、ヨセフは夢を見、そのことをお兄さんたちに話しました。
　「お兄さんたち。私の見た夢を聞いてください。畑で束をたばねていたのですが、とつぜん私の束が立ち上がり、お兄さんたちの束が私の束におじぎをしたのです」
　お兄さんたちはおこって言いました。
　「おまえは私たちの王になるとでも言うのか」
　そして、ますますヨセフをにくむようになったのです。
　しばらくして、ヨセフはまた夢を見ました。今度もお兄さんたちにその話をしました。
　「また夢を見たのですが、太陽と月と11の星が私にひれふしておがんでいるのです」

今度は、父親のヤコブもヨセフをしかりました。
「私(わたし)やお母さん、兄さんたちが、お前をおがむとでも言うのか」
　ある日、ヨセフはお父さんから、野原で働いているお兄さんたちの様子を見てくるようにと言われました。けれども、お兄さんたちはおこっていたので、ヨセフをあなに落とし、エジプトの商人に売ってしまったのです。そのことをかくすため、お兄さんたちは、ヨセフの着物にヤギの血をつけて、お父さんのところに持っていきました。お父さんのヤコブは、ヨセフがけものにおそわれて死んだのだろうと思い、悲しみました。
　一方ヨセフは、エジプトの王に仕えていたポティファルのところに売られてしまいました。ヨセフはそこで一生懸命(けんめい)に働きましたが、今度はポティファルの妻から悪いことをしたと言われて、ろうやに入れられてしまったのです。
　ところがその後、エジプトの王さまが不思議な夢を見ました。その夢の意味がだれにもわからなかったのですが、ヨセフだけは説明できたので、ろうやから出ることができました。そして、その夢でわかったききんにそなえて食べ物をたくわえたので、ヨセフはその働きが認(みと)められて、高い職につきました。この時、ヨセフは30さいでした。
　ききんは世界中に広まり、ききんのために生活が苦しくなったヨセフの家族も、食料を求めてエジプトにやってきました。ヨセフのお兄さんたちは、ヨセフに会っても弟だとはわかりませんでした。

エジプトの権力者(けんりょく)が、じつはヨセフだと知って、お兄さんたちは、とたんにこわくなりました。お兄さんたちは、ヨセフの前にひれふしてこう言いました。
「私(わたし)たちは、あなたのしもべです」
すると、ヨセフはすべてのことをゆるして言いました。
「こわがらないでください。私(わたし)が神さまの代わりにでもなると言うのでしょうか。お兄さんたちは私(わたし)に悪をはかりましたが、神さまは、私(わたし)を通して多くの人のいのちを救ってくださったのです」
ヨセフは、自分をここまで導いてくださった神さまに感謝をささげました。苦しみと悲しみを通して、神さまに感謝する方法を身につけたのです。感謝することができる人は、じまんをしないし、決してふくしゅうをしません。かえって愛によってお返しするのです。
ヨセフは故郷(こきょう)をはなれ、遠いエジプトの地に売られましたが、どこにいても自分を助けてくださる神さまに、いつも感謝をしたので、神さまがヨセフを祝福してくださったのです。

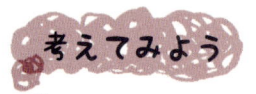

### 考えてみよう

ヨセフのように、意地悪をされたり、仕返ししたいと思ったことがありますか？ おこっている気持ちをしずめて、神さまにいのってみてください。低い心で、いつも感謝をすることができるようにしてくださいといのりましょう。そして、相手に愛を返しましょう。

## にじ色の手ぶくろ

　寒い冬の日のことです。ある小学校の周りには、急な坂道がありました。たくさんの車がびゅんびゅん走っているので、子どもが登校するたびにとてもはらはらします。そのため、お父さんやお母さん、先生はとても心配して、黄色い旗を持って交通整理をします。子どもたちを危険(きけん)な車から守るためです。

　校長先生も、子どもたちの安全を心配して、毎日交差点の前で子どもたちを見守っていました。校長先生は、子どもたちと友だちのように話し、いたずらをしたり、おもしろい話もしてくれます。校長先生は学校に初めて来た時、こんなことを話してくれました。

　「私(わたし)は背(せ)も小さくて歌もうまく歌えないし、おどりだっておどれません。頭がいいわけでもありません。しかし、私(わたし)は子どもたちをとっても愛しています」

　本当にその通りです。子どもを見つめる校長先生の温かい目を見るだけで、先生が子どもたちをどんなに愛しているかがわかります。そんな校長先生の心が伝わるのか、子どもたちも校長先生をこわがらずに、先生の言うこともよく聞きました。

　毎日、校長先生に向かって明るい笑顔をうかべて「校長先生、こんにちは」と大声であいさつをする子どもたちを見る

ことは、校長先生にとって一番大きな幸せでした。
　ある日のことでした。その日は特に北風が強い日でした。子どもたちは手ぶくろとマフラーと毛皮のぼうしをしっかりと巻いて道をわたり、教室に走って入っていくのに必死でした。校長先生も、寒い中、子どもたちを見守るために交差点の前に立っていました。
　子どもたちはちこくしないように、交差点をさっとわたってしまいたかったのですが、校長先生が立っているのを見るとぎょっとして、信号が青に変わるのをいらいらしながら待ちました。
　赤信号の間に、交差点をわたろうと、子どもたちが集まってきました。校長先生は「みんな、とっても寒いけど、ちょっと待っててね。青信号になったらふえをふいてあげるよ。そうしたらゆっくりわたりなさい」と言いました。
　冷たい風が、校長先生の鼻と耳と手を赤くしました。その時、だれかが校長先生の手をとんとんとたたきました。校長先生は「だれかな？」とふり返りました。
　するとそこには、もみじのような手に手ぶくろを持って立っている小さな子どもがいました。
　「校長先生、寒いでしょ？　この手ぶくろをはめてください」
　その子はまだ１年生のように見えました。しかし、校長先生に自分の手ぶくろをわたしたのです。
　「だいじょうぶだよ」と言う前に、子どもは信号が青になったのを見て、急いで交差点をわたっていきました。

校長先生は笑顔をうかべながら、小さいその手ぶくろをほほに当ててみました。その手ぶくろは、色とりどりのにじ色の手ぶくろでした。子どもが少し前まではめていたのか、温かいぬくもりが顔にも伝わってきました。手ぶくろは小さくてはめることができませんでしたが、手ににぎるだで、子どもの愛がたっぷり感じられました。

　その日から、校長先生は「にじ色の手ぶくろ～、にじ色の手ぶくろ～」と鼻歌を歌っています。一人の子どもの感謝がこめられたにじ色の手ぶくろが、校長先生の心に、にじ色の愛を満たしてくれたのです。

### 考えてみよう

　自分一人が「ありがとう」と言っても、何にもならないと思っていませんか。勇気を持って、心をこめて「ありがとう」と伝えたり、プレゼントを用意してみましょう。その心が伝わって、その人を何よりも温めることでしょう。

## ワニとハンター

ハンターが森でカモシカを一頭つかまえました。その時マングースが現れて、ハンターにこうたのみました。

「おなかがとってもすいたので、カモシカの肉を少しだけいただけませんか？ このご恩には必ず報います」

ハンターはおなかのすいたマングースに、カモシカの肉をちぎってあげました。

次の日、ハンターは再び森に行きました。きりが立ちこめて、木々がうっそうとしており、道を探(さが)すのも大変でした。その時とつぜん、ワニが現れたのです。

「ハンターのおじさん、私(わたし)はえさを探(さが)しに出てきたのですが、道に迷ってしまいました。私(わたし)を川まで連れて行ってくれたら、大きな魚を5ひきつかまえてあげますよ」

そこでハンターはワニの足をロープでしばって、ニジェール川まで連れていきました。

「ひもを外してくれたら、水の中に入って、魚を取ってきますよ」

ロープをほどくと、ワニは何度も水の中に入って、魚をつかまえてきました。ところがハンターが約束通り、５ひきの魚を取ろうとすると、ワニがとつぜん、ハンターの足にがぶっとかみついたのです。
「助けてもらったくせに、私を食べようとするのか？」
「それはこっちのセリフだ。おまえが足にロープをぎゅっと結ぶので、痛くて死ぬかと思った」
「では、死ぬ前にだれが悪かったのかを聞いてみることにしよう」
　その時ちょうど、古着がぷかぷかと流れてきました。話を聞いた古着は言いました。
「お前たち人間は、私が新しい時には着ていばるが、古くなるとこうやって放り出す。だから、人は死に値する」
「ほら見ろ、お前が悪いんだ」
　ワニは口をぱっくりと開けて飛びかかろうとしましたが、ハンターはもう一度だけ聞いてみようとたのみました。今度は、水を飲みにきた年老いた馬に聞きました。
「私の主人は私が若い時には使うだけ使って、このように年老いたらえさもくれずに追い出した。人は死に値する」
　その時、マングースが川に水を飲みに来ました。ハンターが救ったマングースでした。
「マングース、私を助けて！」
　ハンターがさけびました。
「どうしましたか？」
　両方の説明を聞いたマングースは、ワニにこう言いました。

「まあ、直接見ていないので、どのような感じだったのかわかりませんね。足はどのようにしばったのですか？」
　ハンターは、最初のようにワニの足を再びしばりました。
「そうですか。では、最初にどこで会ったのですか？」
　そこで、ワニとハンターとマングースは森に向かいました。
「なるほど！　ワニはロープのために苦しみ、ハンターのおじさんはワニを連れて行ってあげたのに、つかまって食べられそうになったのですね。では、ロープをほどいて、おたがい元にもどるのが一番いいでしょう」
　マングースとハンターは、ワニを森に放り出して、そのままそこを去りました。
　取り残されたワニは、一人でえさを探し求め、うえて死んでしまったそうです。

### 考えてみよう

　このワニのように、めぐみを忘れてしまっていることはないか、思い出してみましょう。自分を助けてくれた方やお友だちの心を傷つけたことがあったら、あやまってゆるしてもらいましょう。

# 感謝の木

感謝の芽がすくすく育ち、
大きな感謝の木になりました。
感謝すればするほど、
心はもっと大きな感謝と幸せでいっぱいになります。

## 水にうかぶせっけん

　大きな機械がぶんぶん音を立てて、たえずせっけんの液をかきまぜています。ティンバーおじさんは、もう12年もこの仕事をしています。おじさんの仕事は、と中でこの機械が止まらないように見て、決まった時間になったらスイッチを切ることです。その間、ティンバーおじさんは聖書(せいしょ)を読んだり、新聞を読んだりします。今は時計を見なくても、なんとなく時間が分かるようになりました。
　ティンバーおじさんが最初にこの工場に来た時、みんなおじさんのことを変な人だと思いました。失敗して転んでも「サンキュー！」上司に小言を言われても「サンキュー！」と言うからです。そのため、工場のかんとくから、ふざけていると思われて、やめさせられそうになったこともありました。しかし、時間がたつとみんな、感謝することがおじさんの習慣なのだということがわかるようになりました。
　おじさんは子どものころから、お母さんに「感謝はしんこうの告白だ」と学んできました。そして、どんなことに直面しても、まず神さまに「感謝します！」と言うように訓練を受けたのです。
　そのため、大人になってからも、おじさんは困(こま)った時や大変な時、自分でも知らないうちに「サンキュー！」という言葉を口にしていたのです。

ある日のことです。ティンバーおじさんは、仕事場に来た時からそわそわしていました。その日のお昼の時間に、とても大切な約束が入っていたのです。おじさんのむすめが、けっこん相手を連れて来るのです。仕事がいそがしいので、お昼ご飯の時にしか時間を取ることができず、お昼ご飯を食べながら会うことにしたのでした。

　おじさんは鏡を見て身なりを整え、急いで待ち合わせ場所に向かいました。ところが、あわてていたため、スイッチを切るのをうっかり忘れてしまったのです。工場にもどってきたおじさんは、胸がドキドキしました。もしもこのせいでせっけんができなかったら、仕事をやめさせられてしまいます。おじさんは指でせっけんの原液をさわってみたり、においをかいでみたりしました。いつもとほとんど変わりません。

　その日作られたせっけんは、ほかのせっけんといっしょに、全国に売られていきました。その数日後、工場に電話がかかってきました。「水にうかぶせっけんをたくさん買いたい」という電話でした。社長は「水にうかぶせっけん」なんて知りません。それ

でもとりあえず「はい。わかりました！」と答えて、従業員を呼びました。だれも水にうかぶせっけんなんて知りません。すると、ある従業員がひとつのせっけんをを持ってきました。外側は、今まで作られているものと変わりません。ところがそれを水に入れると、ぷかぷかとうかんだのです。みんな、本当におどろきました。

　工場全体にこのうわさが広まり、ティンバーおじさんの耳にもそのうわさが聞こえてきました。工場の研究員がおじさんを呼びました。おじさんの胸はドキドキして、はりさけそうでした。おじさんはウソをつくことができませんでした。

　「あの、実は私がまちがってスイッチを切るのを忘れたのです。申し訳ありません。これまでありがとうございました。やめろと言うなら、やめます」

　ティンバーおじさんの話を聞いた研究員は、すぐに実験を始めました。せっけんの原液を混ぜる時間を少しずつ増やしてみたのです。そして、とうとう水にうかぶせっけんが作られる時間を割り出したのでした。

　ティンバーおじさんは仕事をやめさせられるどころか、特別ボーナスをもらいました。水にうかぶせっけんのおかげで、注文も増えました。

　ティンバーおじさんは、ミスからもきせきを起こしてくださる神さまに感謝しました。

🖊️ **考えてみよう**

　失敗したり、良くないことを経験したことはありますか。そのたびに落ちこんで、文句を言ってしまうと、うまく解決することはできなくなってしまいます。どんな時でも「サンキュー！」とさけんでみましょう。そうしたら、おどろくようなきせきが起こります。

## 3げんのバイオリン

　イツァーク・パールマンは、世界的に有名なバイオリン奏者です。ある日、ニューヨークでコンサートを開くことになりました。かの有名なパールマンの演奏を聞くために、たくさんの人々が待っていました。そこに、どこからかカツカツと松葉づえをつく音が聞こえてきました。人々は、音のする方に向かっていっせいにふり向きました。パールマンが、下半身が不自由であることを忘れていたのです。

　パールマンは、少し苦労しながらステージに上がりました。パールマンがイスに座ると、はくしゅの音が大きくひびき、いよいよ美しい演奏が始まりました。しかし、演奏のと中、パーンとじゅうをうったような大きな音がひびきました。バイオリンのげんが１本切れてしまったのです。

　指揮者は指揮を止め、げんをこうかんするのを待とうとしました。しかし意外にもパールマンは、指揮者に演奏を続けるよう合図をしたのです。再びバイオリンの演奏音がひびきました。パールマンは３本のげんだけで演奏を続けたのです。

　パールマンは、その時その時、がくふを見ながら音程を変えました。３げんだけでも演奏できるように編曲しながらひいたのです。

　演奏が終わると、人々はとても感動して、はくしゅをすることさえ忘れていました。しばらく静まり返った後、みんな

いっせいに立ち上がって、大きなはくしゅをしました。
　パールマンは言いました。
「私(わたし)は小児まひにかかって、足を使うことができなくなりました。しかし、松葉づえをついて歩くことができるので、感謝します。バイオリンのげんが１本切れましたが、３本残っているので感謝します。残ったものでも何かをできるようにしてくださる神さまに感謝します」

**考えてみよう**

　足りないものばかりを数えるのをやめて、自分にあたえられているものを数えてみましょう。そして、そのあたえられているものを感謝し、それを大切にしましょう。

## オプラ・ウィンフリーの日記

　オプラ・ウィンフリーという名前を聞いたことがありますか？　アメリカではもちろん、世界的に有名な人です。映画『シャーロットのおくりもの』で、ガチョウの声をしています。彼女は、俳優、タレント、モデル、声優などさまざまな仕事をしていて、本も書きました。特に「オプラ・ウィンフリーショー」というテレビトークショーで名前が知られています。
　オプラ・ウィンフリーは、貧しい家に生まれ、おばあさんに育てられました。その中で、たくさんつらいことを経験しました。オプラは黒人で、あまり美人ではありませんでした。太っていて、体重が100kg以上あったそうです。けれども、いつも努力し続けて、多くの賞を受賞し、世界的なお金持ちになったのです。何より、自信を持って生きることができ、神さまと周りの人に感謝できるようになりました。いったい、オプラにどんなことが起こったのでしょうか？
　それは、神さまの言葉である聖書に出会ったからです。家庭の事情で、お父さんといっしょに暮らすことのできなかったオプラですが、幸いにも後になって、お父さんと暮らせるようになりました。オプラのお父さんは、オプラに聖書を読んで暗記するように訓練しました。また、聖書以外の本も、たくさん読ませました。聖書は、オプラの考えと人生を完全に変えてしまったのです。

オプラは19さいで、ニュースキャスターになりました。女性ということだけでもすごいことなのに、黒人のオプラがキャスターになったということに、みんなおどろきました。けれども、オプラの歩んだ道は成功ばかりではありませんでした。一度は番組を降ろされ、別の放送に回されたこともあります。しかし、彼女は失望しませんでした。最初の放送を終えて、オプラはこう言いました。

「この放送の担当になったことを神さまに感謝します。神さまは、何が私に合うのか一番よく知っておられます。私は初めて、自分が願う仕事を見つけられたような気がします」

　オプラは、どんな時にも感謝する心を失いませんでした。彼女がそのような心を守ることができたのは、毎日つけている「感謝日記」のおかげでした。オプラの感謝日記を少し見てみましょうか？

1. 今日も気持ちよく、起きることができて感謝します。
2. ひときわまぶしく、青空を見せてくださり感謝します。
3. ランチの時、おいしいスパゲティを食べることができて感謝します。
4. 腹立たしいことをした友人に、おこらなかった自分の

がまんに感謝します。
　5．良い本を読みました。その本を書いた人に感謝します。

　みなさんも、ぜひ感謝日記を書いてみてください。感謝は、私(わたし)たちの生活のいろいろなところにかくれています。とても小さくて、気をつけていなければ気づかないことも多くあります。けれども、感謝日記を書いていくと、見えなかった感謝がよく見えるようになってくるのです。それを探(さが)す喜びで、毎日が幸せになるでしょう。

　「自分が持っているものと、感謝することに目を向けるなら、もっと多くのことが見えてくるでしょう」
　　　　　　　　　　　　　　　── オプラ・ウィンフリー

### 考えてみよう

　今日一日をふり返って、感謝(さが)を探して書き出してみましょう。自分の願った通りにならなくても、その中で感謝を探(さが)してみましょう。

## カモメのめぐみ

　エディ・リッケンバッカーは、アメリカの有名な事業家です。ぼうけんが大好きだったエディは、レーサーとして活やくしていましたが、第一次世界大戦と第二次世界大戦で、パイロットとして活動しました。空軍でエディは「エース」と呼(よ)ばれていました。「操縦(そうじゅう)がうまい、天の勇士」という意味です。

　ついげき王でもあったエディは、時々大切な情報を伝える任務を任されました。ある日エディは、マッカーサー将軍(しょうぐん)へ伝える秘密(ひみつ)のメッセージを持って、他の隊員たちといっしょに太平洋上空を飛んでいました。ところが、飛行機が高度を上げると、とつぜん飛行機の計器がひどくゆれて、止まってしまいました。幸いにも、飛行機に乗っていた人はみんな、無事にぬけ出し、救命ボートに乗って救助を待つことにしました。しかしエディは、人数が多いため、非常用の食料がすぐになくなってしまうことに気づきました。そこで、持ち前の指導力で、食料を切りつめながら、長い期間持ちこたえられるように、毎日の食べる量を決めました。そして、むだに体力を使わないよう、注意しました。

　エディは、太陽がのぼるのを目印にして、何日過ぎたかを書き留めました。しかし、見わたす限り水ばかりの海の上、昼は暑い日差しに、夜は寒さにたえるということは大変なこ

とでした。救助隊も現れず、みんなはあせり始めました。

エディはみんなを見ながら、食料がなくなっていくことよりも、希望を失うことの方がもっと問題だと思いました。エディはいのりました。初めは一人でいのっていたのですが、ルールを決めました。毎日時間を決めていのり、いのらない人には食べ物をあたえないことにしたのです。だれも反対しませんでした。時々エディが語る聖書の話を聞きながら、人々は希望を失いませんでした。

そして、毎日一人ずつ、イエスさまを信じるようになったのです。エディが何も言わなくても、みんなが進んでいっしょにいのったり賛美をしたりするようになりました。

3日目になると、けがをしていた仲間の一人が、傷が悪化して高熱に苦しむようになりました。薬を使っても、効果はありません。1週間が過ぎると、エディもつかれてきました。気力がつきてボートに横たわっていたエディの耳に、ある声が聞こえてきました。

「エディ、起きてくれ！」

おどろいたエディは、目を丸くしました。カモメが数羽、ボートの周りを回っていたかと思うと、仲間のかたに止まったのです。そのしゅんかん、エディは、カモメをつかまえま

した。1週間、仲間の顔しか見ていなかったので、カモメを見て新しい力がわき上がってきました。エディは胸が痛みましたが、思い切ってカモメをつかまえ、肉は生のまま食べ、内臓はえさにして、魚をつりました。時々降る雨をためて、飲み水にしました。このように、雨水とカモメと魚を食べながら、さらに2週間が過ぎました。その間に、けがをした仲間は亡くなってしまいました。

　一方、陸地では、アメリカ空軍が彼らを探して最善をつくしていました。しかし何週間たっても発見されないので、探すのをあきらめることにしました。そして新聞で、全員亡くなったと報道したのです。

　しかし、エディのおくさんは、最後まであきらめませんでした。彼女はいのるたびに、夫が生きているという確信があたえられたのです。彼女は直接空軍を訪ね、あと1週間だけ探してほしいとたのみました。空軍の人は、寒さも厳しいので、生きている可能性はほとんどないと断わりました。けれども、彼女が何度もたのんだので、1週間だけ探してみようと約束しました。

　そしてついに、1942年11月、彼らは無事に救出されたのです。彼らが生きていたという知らせを聞いて、みんな大喜びしました。助け出されたエディは、

秘密のメッセージを無事にマッカーサー将軍に伝えました。
　戦争が終わり、エディは新しい仕事を始めました。彼の仕事は成功し、アメリカで知らない人がいないほどになりました。エディは70さいになると引退して、海のそばにある家で文章を書きながらのんびりと生活するようになりました。
　彼は、毎週土曜日になると、決まってすることがありました。エディは、両手におけを持って港に行きます。そのおけの中にはいきのいい魚がいっぱい入っていて、エディはその魚を、港のカモメにあたえるのでした。人々は、なぜそんなもったいないことをするのかと不思議に思いました。その理由は、彼の本を通して明らかになりました。本には、「カモメに感謝」と書かれていました。
　エディが飛行機事故にあった時、仲間といっしょに食べ、いのちをつなぐことができたのは、カモメの肉のおかげでした。エディはそのカモメを、神さまが送ってくださったものだと信じました。広い大海をただよっている中で、カモメに出会うことは簡単なことではなかったからです。
　エディにとって、カモメはいのちの恩人でした。神さまが送ってくださったカモメに少しでも感謝を表したくて、エディは魚をあげ始めたのでした。エディは、80さいでこの世を去る時まで、ずっとカモメに魚をあたえ続けたそうです。

### 考えてみよう

みなさんは、動物に助けられたことがありますか？動物が心のなぐさめになったり、友だちのように感じた時がありますか？　もし、そのようなことがあったなら、動物に「ありがとう」と言ってみましょう。

# くつの修理職人ウィリアム・ケアリ

宣教師ウィリアム・ケアリ（1761-1834）は、もともとくつの修理職人でした。ウィリアム・ケアリはくつの修理の仕事をしながら、空き時間を作ってはラテン語やギリシャ語など、5つの言葉を一人で勉強しました。

そんなある日、ウィリアム・ケアリは宣教師になろうと決心しました。それは彼が19さいの時でした。彼はインド宣教の夢を持ってギリシャ語、ヘブライ語、ラテン語などを勉強した後、イギリスの教会からはけんされて、インドに行きました。彼はインド語を勉強して、インド語の辞書をつくりました。そしていよいよ、インド語の聖書を作るために、イギリスの印刷機を運んできて、印刷の準備を進めていました。

ところが、ケアリが伝道旅行をしている間に、そこが火事になってしまいました。印刷機はもちろん、これまでほんやくした聖書のげんこうも焼けて、みんな灰になってしまったのです。しかし、このようにさんざんな中でも、ケアリは落ちこみませんでした。

「これはすべて、神さまのみこころだ」

　ケアリは、自分がほんやくした聖書がまだ足りない部分が多いので、最初からやり直しなさいと神さまが言われたのだと思いました。そして、しんこうと勇気とにんたいを下さいといのりました。すると、ケアリの心の中に感謝の気持ちがあふれてきて、もう一度仕事に取りかかる気持ちがわいてきました。

　ケアリと３人のほんやくチームは、再びほんやくを始め、1801年、ついにインドのベンガル聖書※1が完成しました。その後、24種類の※2インド語の聖書が誕生したのです。

※1　現在ベンガル語は、インド共和国ベンガル州と、バングラデシュの公用語です。
※2　インドの言語の種類は600以上あります。その中で180種類以上の言語が使用されており、インド政府が憲法で認めた公用語は英語を除いて、15種類です。

## 考えてみよう

　もし、一生懸命宿題をやったのに、とつぜん全部なくなってしまったら、どんな気持ちになるか想像してみましょう。そのような時、みなさんもケアリ宣教師のように神さまに感謝をささげ、最初からやり直すことができるようにおいのりしましょう。

# パウロのとげの感謝

　パウロの名前は、もともとサウロでした。イエスさまを信じる人々をつかまえていた人でした。しかし、ダマスコ（シリアの首都ダマスカス）に行く途中でイエスさまに出会って、完全に人が変わってしまったのです。イエスさまを信じる人を殺していた人が、彼らといっしょにイエスさまのことを伝える人になったのでした。

　パウロは、自分の民族だけでなく、他の民族にも一生懸命伝道しました。パウロは、パリサイ人であったので、豊かな知識を持っていました。新約聖書のうち、ほぼ半分をパウロが書きました。その一方で、パウロには多くの苦しみがありました。聖書を読むと、それがよくわかります。

　「……牢に入れられたことも多く、また、むち打たれたことは数えきれず、死に直面したこともしばしばでした。ユダヤ人から三十九のむちを受けたことが五度、むちで打たれたことが三度、石で打たれたことが一度、難船したことが三度あり、一昼夜、海上を漂ったこともあります。幾度も旅をし、川の難、盗賊の難、同国民から受ける難、異邦人から受ける難、都市の難、荒野の難、海上の難、にせ兄弟の難に会い、労し苦しみ、たびたび眠られぬ夜を過ごし、飢え渇き、しばしば食べ物もなく、寒さに凍え、裸でいたこともありました」
（Ⅱコリント 11：23～27）

中でも、パウロは長い間、ある病気に苦しんでいました。パウロはその病気を「とげ」と表現して、いやしてほしいと何度も神さまにいのったのです。どうなったと思いますか？
　神さまのためにこんなに働いているのだから、いやされて当然ではないでしょうか？　しかし、神さまはパウロの願いを聞き入れなかったのです。パウロはどれほど悲しかったでしょう。けれども、パウロは、私たちが考えるように神さまに不満を言ったりはしませんでした。かえって、神さまに感謝をささげたのです。

神さまがいのりを聞いてくださった時は、「感謝します！」という言葉が自然に出てきます。でも、いのりが聞かれない時には、心から感謝することが難しいですね。不平や不満も出てくるでしょう。けれども、パウロはこのように告白して、感謝したのです。
　「ですから、私は、キリストのために、弱さ、侮辱、苦痛、迫害、困難に甘んじています。なぜなら、私が弱いときにこそ、私は強いからです」（Ⅱコリント 12：10）
　そして、私たちにこのようにすすめています。
　「すべての事について、感謝しなさい。これが、キリスト・イエスにあって神があなたがたに望んでおられることです」
（Ⅰテサロニケ 5：18）

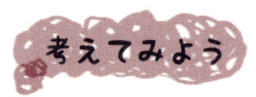

### 考えてみよう

　神さまがいのりを聞いてくださらないからといって、不平を言ったことはありますか？　自分のいのりを聞いてくださらないことが、かえって自分にとって良いこともあります。神さまは、パウロのように、私たちの弱さも大きく用いてくださることを信じて感謝しましょう。

## はずかしい古いくつ

　アメリカの有名な大学で講義をしていたクルチ教授が、テレビ局から電話をもらいました。
　「教授、私たちの放送局の創立記念に行う特別番組に、教授をお招きしたいのです」
　もともとクルチ教授は、教えること以外では人の前に立つことをあまり好みません。そこで、ていねいに断りました。すると電話をかけてきた人は、あわてて言いました。
　「教授！　私を覚えておられますか？　教授の講義を受けていたジョン・ミラーです」
　「え、ジョン？　大きなメガネをかけて、いつも一番前に座って講義を聞いていた、あのジョン・ミラー？」
　「はい、そうです。学期の最後に、先生にくつをプレゼントしたでしょう？」
　久しぶりの教え子との電話に、クルチ教授の心は喜びでいっぱいになりました。
　「あぁ、覚えているよ。君のことを忘れるわけがないだろう。私はまだそのくつをはいているんだよ。ハハハ」

昔のことを思い出しながら話に花をさかせたクルチ教授は、教え子に謝りました。
「あなたも知っている通り、私は放送で言うことなどないよ。すまないが、他の人を探してくれないか？」
「だめです。私が聞かせていただいたあのくつの話を、たくさんの人に聞いてもらいたいのです。テレビ局にいらっしゃるのが大変なら、こちらからさつえいにうかがいます」
　結局、クルチ教授はさつえいすることになってしまいました。早朝から、先生の家はテレビ局の人でにぎわっていました。せまいリビングにはいろいろな小物が置かれ、照明があちこちに置かれました。となりの家では何が起こっているのかとしきりにのぞきこみ、テレビ局の車を見た子どもたちが集まってきました。メイクの人たちがクルチ教授の顔にメイクをし、まゆげも書きました。教授は、慣れていないことばかりで、とまどうばかりでしたが、教え子との約束のためにぐっとこらえました。
「教授、つかれたでしょう？　照明などがつくと暑くなりますよ。あせをかくたびにメイクの人たちが直すので、あまり気にしないでください」
　教授は教え子のスタートサインに合わせて、自分の話を静かに話し始めました。
「早くに父を亡くした私は、祖母と母と暮らしていました。私はいつも図書館にこもって本を読んでいたので、友だちからは本の虫とからかわれました。しかし本当は、私は本の虫なわけではありませんでした。古い服と古いくつがはずかし

いので、できるだけ人の目につかない場所を探していたのです。私も友だちとサッカーをしたかった。でもフリーマーケットで買ったくつはあまりにも大きくて、ボールなどけろうものなら、くつがやぶれるのではないかとこわかったのです。図書館では、だれも私のくつなんて見ていません。だれもが本だけを見ているでしょう。私は図書館にいれば、心が楽になりました。そうするうちに本をたくさん読むようになって、本を友とする職業につくことになったのです。

　今でもきおくに残っているお話を一つしましょう。卒業パーティーを前にした時でした。友人たちは、パートナー探しに夢中でしたが、私は自分の古いくつの心配ばかりしていました。とつぜん、すべてのことに腹が立ってきました。つかれた顔で帰ってくる母の顔も、老眼鏡をかけてくつしたをつくろっている祖母も、そしていつも古いくつをはかなければならない自分の身の上も、何もかもがいやになってしまいました。

　それで、「たかが卒業パーティーじゃないか！　行かなければいいんだ！」と思って家を出ました。

　しかし、路地で一人の少年に出会いました。その子は丸まったひざにゴムをあてて、地面をはうようにして必死に歩い

ていました。2本の足がないようでした。その一生懸命に歩いている少年の姿を見た時、私はもう自分のきょうぐうに文句を言うことはできませんでした。それから後は、私は自分のくつをはずかしいと思ったことは一度もありません」

　1週間後、先生の話はテレビを通して多くの人に感動をあたえました。

### 考えてみよう

　自分のことをはずかしいと思ったことがありますか？　もっと苦しい中で一生懸命に生きている人がいることを考えてみましょう。また、はずかしいと思ったことがむしろ感謝する理由にならないか、考えてみましょう。

## 失敗に勝つ力

　少年が8さいの時、その一家は住んでいた家から追い出されてしまいました。少年はまだ幼かったのですが、仕事を探さなければなりませんでした。彼が9さいの時に、お母さんが亡くなってしまいました。
　少年は、雑貨店で働くようになりましたが、20さいになると、その仕事も失ってしまいました。
　彼の夢は、大学で法律の勉強をすることでした。しかし、幼いころからまともに学校へ行ったことがなかったので、大学に行くこともできませんでした。
　23さいになった時、彼は知り合いと小さな店を持ちましたが、3年と持たずに知り合いの人が亡くなり、何年も大きな借金をかかえることになってしまいました。
　愛する人に出会い、4年間交際をしてけっこんを申しこみましたが、その人も、病気で亡くなってしまいました。
　議員として出馬しましたが、3回落選し、37さいになった時、

ようやく議員に選ばれました。けれども、その次の選挙ではまた落選してしまいました。さらに、4さいの息子まで亡くなってしまいました。

　45さいの時、上院議員に立候補しましたが、落選しました。それでも政治に関わり続け、46さいで副大統領に出馬し、また落選してしまいました。

　けれども51さいの時、彼はついにアメリカの大統領になったのです。

　この人はだれでしょうか？　アブラハム・リンカーンです。

　リンカーン大統領は、その一生で多くの失敗と困難を経験しながら、いつでも感謝をした人でした。

　大統領になった後、リンカーンは、あるパーティーの場で、こう語りました。

　「私は今日、2人の女性に感謝をささげたいと思います。一人は、幼いころから私に聖書を読んでくれ、私が本を読めるように教えてくれた、母です。

　そしてもう一人は、作家のストウ夫人です。私が幼い時、新聞に載っていた、ストウ夫人が書いた『アンクル・トムの小屋』を読んで、大統領になろうと決心したからです。そして、どれい生活をしているすべての黒人に自由をあたえたかったのです」

　リンカーンはいつも神さまに感謝をし、ぜつぼう的な時も感謝を忘れませんでした。そして、自分に大きなえいきょうをあたえてくれた人たちに対する感謝の思いを、いつも心にきざんでいたのでした。

そのため、失敗も乗り越えて、しっかりと立ち上がることができたのでしょう。リンカーン大統領は、国民がみんな、神さまに感謝をし、心に感謝をきざむことを願いました。そのため、収穫感謝祭を国の休日に定めたのです。

Abraham Lincoln

### 考えてみよう

自分が失敗した時、どのような反応をしましたか？失敗からたくさんのことを学ぶことができます。失敗から学んだことを考えてみましょう。また、自分を大切に思ってくれる人はだれかを考えてみましょう。今の自分があるのはだれのおかげかを考えて、感謝のいのりをささげましょう。

# 感謝の実

どんなことにでも感謝する心を持ってください。
感謝の木に豊かな実がなるでしょう。
その実を、大切な人たちと分かち合ってください。

# 感謝を分かち合ってください

　韓国で、30年以上宣教活動をしている外国人の宣教師がいます。この方は、けっこんしてすぐおくさまといっしょに韓国に来られ、戦争で両親を失った子どもたちの世話をしながら、神さまの言葉を伝えています。

　ある日、この先生は引退することになり、韓国での最後の収穫感謝祭をむかえました。毎年、感謝祭の時は、七面鳥料理やパンプキンパイの他に、韓国のおもちやあま酒をたくさん準備します。そして、友人や近所の方を招待して、いっしょに感謝する時間を過ごしていました。

　年を取ってかみは白くなり、額や手にはしわがたくさんできましたが、先生が子どものようにすんだ顔で話すので、みんなうれしい気持ちになるのでした。

　「私は、収穫感謝祭を1年に2回行います。韓国のおぼんの時と、収穫感謝祭の時です」

　「では、先生。今日は、韓国で最後の収穫感謝祭になるのですね。今日が一番思い出に残る日になれば良いですね」

　「ええ、もちろんです。でも私には、忘れられない収穫感謝祭があるのです。もう30年も前になります。私の家族だけが知っている収穫感謝祭の話をしましょう。

　30年前のことです。韓国に来る直前でした。私には姉3人と、兄2人、弟1人がいます。私と弟以外はみんな、はなれ

て暮らしていました。そのため、クリスマスや収穫感謝祭の時も、みんなでなかなか集まれなかったのです。

けれども、その年の収穫感謝祭はちがいました。みんな集まろうと約束したのです。長いこと具合の悪かった父といっしょに祝う、最後の収穫感謝祭になりそうだと思ったからです。母は、感謝祭の夕食の準備でいそがしくしていました。20名ほどの食事を準備するためです。テーブルもせまく、倉庫から使っていないテーブルを出してきて、母は自分で作ったテーブルクロスをしきました。

父を中心に、家族みんながテーブルを囲んで座りました。みんな久しぶりに会ったので、おたがいのことを分かち合い、にぎやかになりました。楽しい食事の時間でしたが、少し気にかかることがありました。なぜなら、その日姉は、みんなの会話を残そうと録音をしていたのです。お父さんといっしょに過ごす最後の時間になるかもしれなかったからです。笑っていても、ふと『ああ、録音をしているんだっけ』と気づくと、なみだが出てきて、悲しい気持ちになるのでした。

その時、父と目が合いました。父は片目をつむり、ウィンクをしました。その時の表情がとても明るかったので、今でもはっきりと覚えています。お兄さんたちが準備してきた出し物がありました。みんな大人になりましたが、父と母の前

で子どものころにもどって、子どものまねをしたのです。大きなからだで、子どものしぐさや話し方をまねするので、みんなおなかをかかえて笑いました。父も、本当に楽しんでくれました。食事の間中、笑い声が絶えることはありませんでした。

　それからしばらくして、父は神さまのところに行き、その日録音したテープはダビングしてみんなに配られました。そして、それぞれがテープを聞いて、父を思い出しました。父の言葉は、とても印象的でした。

　『お前たちが、心から感謝を覚えるたびに、それを分かち合う人を探しなさい。分かち合う人が、近くにいる場合もあるが、遠くにいる場合もあるだろう。神さまが願われるなら、どんなに遠いところでも探しに行きなさい。それが、神さまに対する一番大きな感謝の表現だから』

　父の言葉が、私にはかみなりのようにひびきました。それで宣教師になろうと決心し、いのりの中で、韓国の子どもたちが私を必要としているということが分かったのです。それから韓国に来て、この地で30年を過ごしました。今はテープがのびてしまい、もう父の声を聞くことはできませんが、『感謝は分かち合うもの』という父の教えは、忘れることができません」

🌸 **考えてみよう**

　感謝することがある時、それを一人で心にとめておかないで、だれかとその感謝を分かち合いましょう。今日は、一番近くにいる人と感謝を分かち合いましょう。

## 天国に行ったテッド

　テッドは、白血病にかかっていました。3年以上入院していましたが、病気が良くならなかったので、家族や周りの人たちは、心の準備をしていました。それでも、テッドのお父さんとお母さんは、テッドの前ではいつも明るい表情でいようとしました。テッドが悲しむと思ったからです。6さいになるテッドの弟は、兄がもうすぐこの世を去るだろうということをまったく知らないので、兄に「早く良くなっていっしょに水遊びをしよう」とせがんだりしました。

　ある日、テッドがぐっすりねむっている姿を見たお母さんは、とつぜん、洗面所へかけこみました。それまでがまんしていたなみだが、どっとあふれてきたのです。その時、そうじのおばさんがお母さんの泣き声を聞いて、そばに来てなぐさめました。

　「とても心が痛いのでしょう。悲しい時は思いきり泣くといいですよ」と言って、かたをたたいてくれました。しばらく泣いた後、お母さんの目ははれ上がっていました。そうじのおばさんは、温かいコーヒーをわたしながら言いました。

「私が、病院でそうじをするようになった理由を話したことがありましたか？」

おばさんは、口もとに笑みをうかべて、物静かな口調で語り始めました。

「7年前、私のむすめもこの病室にいたのです。むすめは小児がんにかかって、1年と持たずに天国に行きました。

入院していた時、むすめがいつも待っていた人がいました。病院でせんたくをされている方で、ベッドのシーツを取りかえに来るたびに、病室のかべにかわいい絵をかけてくれるのです。その方の息子さんが、子どもたちがかいた絵を一つずつ集めて送ってくれたのです。その方のおかげで、むすめは絵を見ながら、最後のしゅんかんまでほほ笑みをなくさずに、感謝の心を持って目を閉じることができました。

むすめが亡くなってから、私はしばらく何も考えられませんでした。生きる気持ちが全くなくなってしまったのです。ところが、むすめの持ち物を一つずつ整理していると、ふと、その絵が目に入りました。ある絵には、むすめの心をなぐさめる短い文も書かれていました。その時、私は愛するむすめに代わって、何をするべきかわかったのです。むすめのような病の子どもたちのために仕えよう。病院で働きながら、子どもたちに希望とほほ笑みをあたえようと決心しました。それで、この病院のそうじをする仕事についたのです。私は、病室に入るたびに、子どもたちの手をにぎり、病室を出るたびに、心の中で祝福のいのりをします。そうすると心が軽くなり、喜びで満たされるのです」

その後、テッドは退院して家に帰りました。テッドが、少しでも弟のデイビッドといっしょにいたいと言ったからです。
　テッドは弟に聞きました。
「デイビッド、ぼくと一番いっしょにしたいことは何？」
「水泳！」
　テッドは水泳をすることはできません。その会話を聞いていた父親は、庭にプールがある友人にたのみ、一日その家を使わせてもらうことになりました。テッドは、プールサイドの木かげで横になり、デイビッドと両親が水泳をしました。父親の友人が、その様子を写真に収めてくれました。
　それからしばらくして、テッドは神さまのもとへ行きました。
　しかし、テッドの家族は悲しみにしずむことはありませんでした。神さまをうらむこともしませんでした。かえって、テッドが、もう今は苦しんでいないということに感謝をしました。そして、テッドのような病の子どもたちのために働きながら、感謝をしようと決心したのでした。

### 考えてみよう

みなさんにも、悲しいことがあるでしょう。今日はその中からも感謝を探してみましょう。そして、同じ悲しみを持っている人がいたら、その人をなぐさめてあげましょう。

## イスラエルの総理、ゴルダ・メイア

　ゴルダ・メイア（1898-1978）は、イスラエルの立派な女性の首相でした。彼女はロシアのウクライナで生まれ、アメリカで勉強した後、世界的な女性指導者となりました。30さいから政治外交の活動を始め、イスラエルの労働長官、外務長官を務めた後、5年間首相を務めました。

　首相の働きをしている間、彼女は白血病とたたかわなければなりませんでした。しかし、彼女は病気とたたかいながらも、神さまへのしんこうによって仕事をしました。ゴルダ・メイアがこの世を去った後、出版された本には、次のように書かれていました。

　「私は自分の顔が美しくないことを感謝しています。私は美人ではないのでいのり、美人ではないので一生懸命勉強しました」

　また、このように続けています。

　「私の弱さは、この国にとっては助けとなりました。ぜつぼうは神さまの導きを知る機会となりました」

　ゴルダ・メイアは、自分の短所のためになやむことはありませんでした。かえってそのことを感謝し、長所として見る心を持っていたのです。

　私たちの周りには、そのような立派な人がたくさんいます。大変なことを乗りこえて美しい詩を書く人、先が見えない状

況にあっても、一生懸命勉強して世界的な教育学者となった博士などがいますが、この人たちはみんな、自分の弱さを感謝して、かえって多くの人々の手本となって感動をあたえているのです。

Goldah Meir

**考えてみよう**

　自分の短所だと思っているところを、長所だと考えてみましょう。そして、感謝してそれを使いましょう。

## 100万回の感謝

　みなさんは、「感謝します」という言葉を何回言ったことがありますか？

　本当に感謝する時は「感謝します。感謝します……」と何回も言うでしょう。でも、100万回「感謝します！」と言うことができるでしょうか？　または、感謝という言葉を100万回、ノートに書いたことがありますか？

　実際に、「神さま、感謝します！」という言葉を100万回も書いた人がいます。

　この人は、アメリカのテキサス州にいる事業家です。彼にとって神さまは、自分の人生に光を下さった方でした。お酒におぼれ、ひどい生活を送っていましたが、神さまに出会って一生懸命(けんめい)働き、仕事にも成功しました。彼(かれ)は、あふれ出る感謝の思いをどのように表したら良いのかわかりませんでした。そこで、とにかく神さまに感謝しますという言葉をノートにびっしりと書き始めたのです。そしてそれを本にして、長い間大事にしまっておきたいと思い、出版社を訪(たず)ねました。出版社の社長は、有名な事業家である彼(かれ)の顔を知っていたので、ていねいにむかえました。

「どのような内容か楽しみです」

「神さまに感謝をするという内容です」

「実に良いテーマですね。そのような本は無条件で出版する

べきでしょう」

 ところが、数日後、出版社かられんらくがありました。

「申し訳(わけ)ありません。編集部でげんこうを見させていただいたのですが、何か手ちがいがあったようです。もしかして、げんこうを入れまちがえてしまったのではないでしょうか。全部が"Thank you, Lord！（神さま、感謝します）"という言葉だけだったのですが」

「ははは。その通りです。私(わたし)は、その言葉以外に神さまに感謝をささげる方法が見つからなかったのです。出版されなくてもだいじょうぶです。神さまは十分、私(わたし)の心をわかってくださったからです」

### 考えてみよう

 今日から、日記帳に「神さま、感謝します」と書いてみましょう。感謝することを考えながら、その数だけ書いてみましょう。いつの間にか、日記帳が100万回の「神さま、感謝します」でいっぱいになるでしょう。

## 幸せなそうじのおじさん

　ドイツに『幸せなそうじのおじさん』という本があります。その本に出てくる主人公のそうじのおじさんは、毎日町の標識板をみがく仕事をしています。毎日、青い作業服と青いゴムの長ぐつで、青い自転車に乗って、ドイツの町の標識をみがいていました。彼(かれ)はとても自分の仕事を愛していて、ほかのどんな仕事にも変えられないくらい、自分の仕事にプライドを持って仕事をしていました。
　そんなある日、あるお母さんと息子が話しているのを聞いて、自分がこれまでみがいてきた標識には、有名な作家や音楽家の名前が書かれていることを知りました。そこでその日から、標識に書いてある人物について勉強し始めました。そして、直接演奏会(えんそう)にも行き、歌詞(かし)も暗記しました。図書館に行って、その人についての本も熱心に読みました。
　それからは、標識をみがくたびに、そこに書かれている音楽家の有名な曲を鼻歌で歌ったり、有名な詩人の詩を口ずさんだりしました。人々はだんだんおじさんの周りに集まってきました。こんなそうじのおじさんを見たのは初めてだったからです。おじさんは少しずつ有名になっていきました。テレビにもおじさんの話がしょうかいされ、大学には公演をしてほしいともたのまれました。しかしおじさんは、自分のしている仕事を続けたかったので、断りました。

おじさんの顔にはいつも幸せなほほ笑みがうかび、毎日家を出るたびに感謝があふれていました。

　成功とは、お金と権力（けんりょく）とめいよを手にすることだけではありません。自分がしている仕事に幸せを感じて、感謝することこそ、本当の成功です。自分の仕事に感謝して、その仕事を喜んでするなら、新しいアイデアがうかび、周りの人々がその人をほめるようになります。みなさんも、幸せを感じながら目の前の仕事をしてみましょう。勉強やお手伝いをしながら、いつも感謝する思いを持ちましょう。

### 考えてみよう

　学校でどんなことを任されていますか？　大きくても小さくても、すべてとても大切な係です。自分が任されたことを感謝して喜んでやりましょう。周りの友だちや先生から認められるようになりますよ。

## 感謝は覚えておくこと

　クリスマスの日、ある親子が、きれいにかざられてあるツリーの前に座って、話をしていました。
　「お父さん、ぼく上手にできたでしょ？」
　「ああ。ブレン。お前が手伝ってくれなかったら、こんなにきれいにツリーのかざりつけをできなかったよ」
　５さいの少年ブレンは、今年初めて、お父さんを手伝ってクリスマスツリーのかざりつけをしました。
　緑の木のあちこちに、天使の人形、くまの人形、光る星などのかざりをつけることは、とても楽しいことでした。その上、お父さんといっしょにかざったのですから、なおさら楽しかったのです。お父さんの背中に乗って、てっぺんに大きな星をつけた時には、胸が高鳴りました。
　「お父さん、お父さんとぼくはいいコンビだよね」
　「もちろん。私たちは完ぺきなコンビだよ」
　お父さんは、幼い息子のブレンをそっと見下ろしながら、自分の幼いころを思いうかべました。

「お父さんが子どもの時、おばあさんが、幼いイエスさまがねている、かいばおけを作ってくれたんだが……。さあ、お父さんたちもかいばおけを作ろうか。木があるかわからないが。ブレン、いっしょに倉庫に行ってみるか？」
「うん。いいよ。お父さん」
ブレンは、お父さんの後について倉庫に行きました。倉庫のすみには、白くほこりをかぶった木のテーブルがありました。お父さんは、テーブルの上のほこりをふうっとふき、手でごしごしとはらい落すと、そっと笑みをうかべました。
「ブレン、こっちに来てごらん。おばあさんが作ってくれた、かいばおけだよ」
「これが？」
「あぁ。お父さんが5さいのころだから、ブレンと同じくらいの時だな」
「うわあ。お父さんがぼくくらい小さな時があったの？」
「もちろん。もう何十年も経ってしまったが、お父さんは昨日のことのように思えるよ。おばあさんが生きていたら、お前のことをとってもかわいがってくれただろうに」
「おばあさんは、どんな人だったの？」
「本当に良いおばあさんだった。クリスマスのたびに、おかしを焼いてくれて、みんな、ツリーの下に集まっておかしを食べたものだ。お父さんは、おばあさんのひざに座っておかしを食べるのが大好きだったよ」
「お父さん、ぼくもお父さんのひざに座りたい。かいばおけは新しく作らないで、これを使おうよ」

「そうしよう。おばあさんは、いつもお父さんにすてきなプレゼントをしてくれたんだ。そのたびにお父さんは、家じゅうを飛び回ったものだ。子どもだったころも、大人になった今も、いつもおばあさんに感謝しているなぁ。あの時もっと、ありがとう、大好きだよと言っておけばよかった……」
「お父さん、ぼくもありがとう。クリスマスツリーをいっしょにかざることができて、とってもうれしかったよ」
ブレンがお父さんのひざに座って言いました。
ブレンは「ありがとうっていうのは、長い間覚えていることなんだなぁ」と思いました。そして、お父さんに対する、愛と感謝の心を長い間持っていようと思ったのでした。

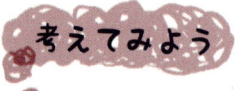

**考えてみよう**

思い出すたびに感謝があふれる人はいますか？　その人に、感謝の手紙を書いてみましょう。

# ライオンの穴の中での感謝

　ダニエルは、聖書に出てくる多くの人物の中で、「最高の感謝の人」と呼ばれています。ダニエルは、殺されるかもしれないのに、それでも1日3回神さまに感謝のいのりをささげたからです。
　イスラエル王国に生まれたダニエルは、バビロンという国にほりょとして連れて行かれました。バビロンの国では、すべてその国のルールに従わなければなりません。まず、自分の名前をバビロン風の名前に変えなければなりませんでした。そのため、ダニエルではなく、ベルテシャツァルと呼ばれました。また、勉強もバビロンの国の言葉で学ばなければなりませんでした。ダニエルは、それらのことを全部がまんしました。
　しかし、ただ一つだけ、絶対にしないと決めていたことがありました。それは、ぐうぞうに供えた王宮の食べ物と、ぶどう酒を口にしないということでした。ぐうぞうに供えた食べ物を食べるということは、神さまを信じる人の生き方ではないと考えたからでした。ダニエルは「その決心を守ることができるよう助けてください」といのりました。彼はごうかな生活より、たとえ大変でも神さまが喜ばれる人生を生きた

かったのです。

また、ダニエルはとても正直でした。彼をねたむ人たちが、彼の欠点を探そうと一生懸命調べましたが、何も見つけることができませんでした。

ダニエルをねたむ人はだんだん増えていき、彼らはついにダニエルをわなにかけるため、集まって相談しました。

次の日、家来たちは王の前に出て、こう言いました。

「王さま。王さまをおがまないで、他の神や人をおがむ人は、ライオンの穴に入れるようにしてください」

彼らは、ダニエルが1日3回、神さまに感謝のいのりをささげていることをよく知っていたのです。しかし、命令が出されたことを知ってもなお、ダニエルはいつものように、1日3回神さまに感謝のいのりをささげたのです。

そのためにダニエルはつかまってしまい、何とライオンの穴に投げこまれてしまいました。けれども不思議なことが起きました。ライオンたちはおなかを空かせているにもかかわ

らず、ダニエルにかみつこうとしないのです。そして、ダニエルはかすり傷一つなく助かったのでした。神さまが守ってくださったのです。

　ダニエルは、国を失い、他の国でほりょとして過ごすつらい中でも、1日3回、神さまにひざまずいて感謝のいのりをささげ続けました。神さまは、そのような感謝のいのりをとても喜ばれ、ダニエルを守られたのです。

### 考えてみよう

　神さまを信じていることで、つらい目にあったことはありますか？　ダニエルのように、そんな時でも神さまに感謝し、しんこうを守ることができるよう助けてくださいといのりましょう。

## 神さまの創造物

　神さまがこの世界を造られ、6日目になった日のことでした。
　何か造ろうとしている神さまの前に、一人の天使が現れて聞きました。
「神さま。また何か造られたのですか」
　すると、神さまは言われました。
「すごいものを作っているんだ。水でいくらでもきれいに洗うことができ、少しの食べ物でも動くことができ、一度にたくさんの子どもを連れて歩くことができる。転んでけがしたひざの傷はもちろん、傷ついた心まで、キス一つでいやすことができる。何より、この2本の手でできないことはないんだ」
「2本の手で何でもできるのですか？　そんなことはないでしょう、神さま。ところで、今日中に終わらせることは難しいのではないですか」
　天使が言いました。
「いや。十分に終わらせることができるよ。今造っているものは、つらくても1日中働くことができるんだ」
　天使が注意深く、神さまが造られた形にさわってみました。
「神さま。とてもやわらかく造られたのですね」
「そうだ。やわらかいだろう。しかし、強い面もあるのだよ。

この上なくがまん強いのだ」
「ところで、考えることもできるのですか？」
「考えられるだけではない。いろいろなことを比べたり、かけ合ったりできるのだ」
　その時、天使が造られた形の顔をさわり、おどろいて聞きました。
「神さま。失敗作じゃないですか？　目から水が出ていますよ。少し休んでからまた造られた方がいいですよ」
　神さまは、にっこり笑って答えられました。
「水がもれているのではなく、なみだが流れているのだ」
「なみだとは何ですか？」
「なみだは、うれしい時、悲しい時、苦しい時、失望した時、愛する時、さみしい時、つらい時に、心をちゃんと守るための方法なんだ」
「わぁ。本当にすばらしい創造物(そうぞうぶつ)のようですね。ところで、この創造物(そうぞうぶつ)の名前は何というのですか？」
「これは、『女』というのだ。もっと正確に言うと、『母』というものだ」
「母ですか？」
「そうだ。しかし、ただ一つだけ悲しいことがある」
「それは何ですか？」
「みんな、その価値(かち)を知らずに、母の存在(そんざい)に感謝をしないことなんだ」

### 考えてみよう

　　お母さんに、感謝の言葉を伝えたことがありますか？ お母さんにいつもいらいらをぶつけたり、おこったりしてはいませんか？　今、お母さんに「ありがとう」と言ってみてください。お母さんの大切さを忘れないで、感謝の気持ちを表してみましょう。

## 感謝の門を出て

　今は天国にいる私の母を思い出します。母は以前、ぢで苦しんでいたことがありました。私が試験期間中で、いそがしくしていた日のことです。母はそれでも何がうれしいのか、一日中讃美歌を口ずさんでいました。
　その日の夕食の時、母はこのように言いました。
「ねぇ、神さまがこうしてうんちがよく出るようにしてくださって、本当に感謝よね」
　その言葉を聞いて、私は顔をしかめて言いました。
「もう、お母さんは。ご飯の最中にうんちの話なんて」
　私には、そのような母の姿がとても幼く見えました。しかしこの本を書きながら、私も母のように、とても当たり前で、小さなことにも感謝できるようになりました。
　最後に、神さまが、赤子のイエスさまの姿で、この地上に来てくださったことに感謝します。

「私たちを救うためにじゅうじかでくぎを打たれて死なれ、復活されたイエスさま、本当に感謝します！」

**付録** 親子がいっしょに読むページ

# 感謝する方法を学んでみよう！

　家族の中で、特に感謝のあいさつがよくできる人がいます。それは、性格のせいかもしれません。同じ両親に育てられても、表現の方法や程度はみんなちがいます。しかし、才能をみがくように、感謝もみがくことができます。他の習慣のように、くり返すことで、身につくようになるのです。
　では、どんなことから始めましょうか？

　**いのりを通して感謝の練習をしましょう。**
　特に、毎日の食事のいのりと、ねる前のいのりの時に感謝を忘(わす)れないでください。
　道を歩いていて、花や木を見つけたら、かおりをかいでみるのも良いでしょう。よちよち歩く赤ちゃんがいたら、笑いかけてあげるのも良いでしょう。何とも言えない温かくて豊かな心が生まれてくるでしょう。そのような心は、感謝の芽が育つ畑なのです。

　**2番目は、感謝ノートをつけることです。**
　感謝することが思いうかばない時には、周りの物を注意深く見回してみます。その中で、プレゼントされた物があれば、おくってくれた人を思いうかべます。
　感謝ノートは、他の人に見せるために書くものではありません。ですから、とても小さいことでもはずかしがらないで、

正直に書きましょう。または、日記を書いて、最後に感謝の内容を簡単(かんたん)に書いてみるのも良い方法です。感謝日記を読む方は、神さまです。

　感謝を通して私(わたし)たちは、自分について、また神さまについて知るようになります。そして、自分の夢を発見するようになります。最後に、いくつか感謝の法則をしょうかいします。

1．よくばらないようにしましょう
2．ものの見方を変えてみましょう
3．感謝を数えることを学びましょう
4．感謝の礼拝(れいはい)を忘(わす)れないようにしましょう
5．もらって当たり前だと思わないようにしましょう
6．自分のものにこだわりすぎないようにしましょう
7．感謝することも、戦いであることを知りましょう
8．感謝日記を書きましょう

付録　親子がいっしょに読むページ

## 私の感謝指数はいくつだろう？

次の資料は、マッカロー博士とエモンズ博士が「感謝が私たちのからだにあたえる影響」を研究するため、1200名に行った調査の内容をそのまま翻訳したものです。

みなさんは、どちらに近いか、次の質問を読んで答えを書いてみてください。＊（　）の中の数字は点数です。

質問１）私は、日々感謝することが多いと思う
　　　　1．とても思う（7）
　　　　2．わりと思う（6）
　　　　3．やや思う（5）
　　　　4．どちらでもない（4）
　　　　5．あまり思わない（3）
　　　　6．思わない（2）
　　　　7．全く思わない（1）

質問２）世の中を見ると、感謝することがないと思う
　　　　1．とても思う（1）
　　　　2．わりと思う（2）
　　　　3．少し思う（3）
　　　　4．どちらでもない（4）
　　　　5．あまり思わない（5）
　　　　6．思わない（6）
　　　　7．全く思わない（7）

質問3）感謝リストを書くと、とても長くなると思う
  1．とても思う（7）
  2．わりと思う（6）
  3．やや思う（5）
  4．どちらでもない（4）
  5．あまり思わない（3）
  6．思わない（2）
  7．全く思わない（1）

質問4）自分はだれにでも感謝する方だと思う
  1．とても思う（7）
  2．わりと思う（6）
  3．やや思う（5）
  4．どちらでもない（4）
  5．あまり思わない（3）
  6．思わない（2）
  7．全く思わない（1）

質問5）昔よりも、出来事や状況、人に対して、感謝が増えていると思う
  1．とても思う（7）
  2．わりと思う（6）
  3．やや思う（5）
  4．どちらでもない（4）
  5．あまり思わない（3）
  6．思わない（2）
  7．全く思わない（1）

### 付録　親子がいっしょに読むページ

質問6）いろいろな出来事や人に感謝をしようとすれば、時間がいくらあっても足りないと思う
1．とても思う（7）
2．わりと思う（6）
3．やや思う（5）
4．どちらでもない（4）
5．あまり思わない（3）
6．思わない（2）
7．全く思わない（1）

答えの点数を合計し、下の評価を読んでみてください。自分は、どのような生活を送っているのかわかるでしょう。

● 6〜31点
感謝にあまり関心がありません。しかし、感謝に関する文章を読んで学ぶなら、なぜ感謝をしなければならないのかわかるでしょう。

● 32〜39点
もう少し努力すれば、もっと感謝できるようになるでしょう。友人といっしょに感謝を分かち合う訓練をしてみてください。

● 40〜42点
何をしても栄え、すべての人に祝福を流す人となるでしょう。この状態を保ってください。

キリストの中に根ざし、また建てられ、
また、教えられたとおり信仰を堅くし、
あふれるばかり感謝しなさい。
（コロサイ2：7）

いつも、ありがとう
一生感謝 for キッズ

2014年 4月1日　初版発行

著者　　ジョン・クゥアン
　　　　イム・グムソン
訳者　　吉田英里子
挿絵　　栗原琴
発行　　小牧者出版
　　　　〒300-3253　茨城県つくば市大曽根3793-2
　　　　TEL: 029-864-8031
　　　　FAX: 029-864-8032
　　　　E-mail: info@saiwainahito.com
　　　　http://saiwainahito.com

印刷　　（株）デジタル印刷

乱丁、落丁はお取り替えいたします。
Printed in Japan　小牧者出版 2014　ISBN978-4-904308-10-3

小牧者出版

## 『貧乏少年、大統領になる』

イ・チェユン著　　価格八〇〇円+税

韓国のイ・ミョンバク元大統領。彼は熱心なクリスチャン。その背後には母の信仰があった。ホームレス同然から、ヒュンダイ建設社長をへて韓国大統領になった証し。

## ニッコニコ天国人ー『幸せな家庭を築く』

ビュン・ジェーチャン著　　価格五五二円+税

「家庭」は神様が定められた一番小さな教会です。聖書が教えている基本的な原則を「夫婦の関係」「親子の関係」「親子のコミュニケーション」の持ち方を細かく年代別に分けて解説しています。

## ニッコニコ天国人＝『ダーリンはイエス様オーハッピーデート』

ビュン・ジェーチャンほか著　　価格一、〇四八円+税

みこころの人をどのように探すのかから結婚までのプロセスや、すてきなデートづくりのための男女理解、どのように別れるか、婚前交渉の七つのうそ、幸せなシングルライフについて、などをわかりやすく説明しています。

今話題のK-BOOK　　　　　　　　　　　　　　　小牧者出版

## 「聖書がつくった人」シリーズ第1弾!
## ロックフェラーが知っていた『もうけ方』

イ・チェユン著　　価格一、六〇〇円+税

**韓国で大ベストセラー!!**

ビル・ゲイツを上回る大富豪が貫いたとんでもないバイブルからの大原則とは!?

## 「聖書がつくった人」シリーズ第2弾!
## 『ホワイトハウスを祈りの家にした大統領リンカーン』

ジョン・クゥアン著　　価格一、六〇〇円+税

**韓国で50万部突破!**

お金、学歴、コネも0。
挫折の人はこうして夢をかなえた!
第16代米大統領リンカーンは、信仰の人、祈りの人だった。

## 「聖書がつくった人」シリーズ第3弾!
## 『世界初、史上最大の百貨店王ジョン・ワナメーカー』

ジョン・クゥアン著　　価格一、六〇〇円+税

**韓国で大ベストセラー!!**

YMCA会長、米郵政長官、母の日制定、米PGA創立、世界日曜学校総裁、この人もまた、信仰の人だった!